〈平成〉の正体
なぜこの社会は機能不全に陥ったのか

藤井達夫
FUJII, Tatsuo

イースト新書
105

はじめに

今、平成が終わろうとしている。もちろん、天皇が代わり、元号が変わるからといって、日本の社会が大きく変化するわけではない。この社会を悩ますさまざまな問題がリセットされるわけでもなければ、私たちがそれぞれ抱えている不安が消え去るわけでもない。元号が変わろうが変わるまいが、今後、社会を揺るがし、私たちの生活を激変させることになる出来事はすでにどこかで起きているかもしれないし、起きていないかもしれない。いずれにせよ、日常は続いていく。

このような冷めた目からすれば、平成など、一つの空虚な記号でしかない。だから、その終わりは平成という記号が書類の日付などで使用されなくなることを意味するにすぎない。天皇という一人の人間の死によって突然生じようが、今回の譲位のように入念な準備の下で行われようが、天皇が象徴としての存在である以上、そこに大きな違いを生むことはないのだ。

とするなら、本書のように平成を振り返る試みにどれほど意義があるというのだろうか。別の言い方をすれば、そうすることで何か得るところがあるというのだろうか。こうした問いに答えることは思いのほか難しい。

まず簡単なところから手を付けるならば、私たちが過去を振り返る目的とは何だろう。

一つは、現在がどのような姿をしていて、どこへ向かおうとしているのか確認するため。もう一つは、未来において生じうる未知の出来事に対応するための術や知恵を過去の経験から探し出すため。これらは不可分だといえるが、現在の輪郭を描き出し、未来の見取り図を構想するために、今私たちは過去と向き合うよう強く促されているように思われる。

現代の日本の社会は不安定で不確実で安全を欠いている。そうした社会は不安な社会でもある。人びとの感じる不安には、社会の構造や制度に由来するものがある以上、個人の努力で容易に解消できるものではない。このため、解消されない不安は個人の内面を切り刻み傷つけることで、不満や怒り、無気力や無関心、不合理で極端な言動という形をとって爆発する。こうした不安な社会は、自己愛が異常に強い一方で他者に対して攻撃的な人びとからなる社会、他者への共感が極端に乏しく利己的なシニシズムが蔓延する社会、他者の言動の予測可能性を生むルールが蔑《ないがし》ろにされることで「信頼」が醸成されにくい社会でもある。残念なことに、これが平成の終わりに臨む日本社会の姿である。もちろん、それは誰にとっても不愉快な現実だ。だから、それを否認するべく美談やポエムが求められる一方で、スケープゴートにされた者たちへのヘイトがSNSといったメディアにおいて垂れ流され続けることになる。

ようするに、こんな社会だから、今立ち止まって、この社会の来し方を振り返る必要があるのではないかということだ。

なぜ、日本の社会はこんな状態に陥ってしまったのか。この先、どうしたらよいのか。四六時中、皆がスマートフォンを片手にSNSを嗜み、ファクトかフェイクかなどお構いなく心地よければそれでよしという風に、大量の情報をひたすら享楽の対象として消費するこの社会で、ふとそんな疑問を抱くことがあるのなら、過去を振り返ってみるちょうどよい機会が今なのかもしれない。

次に、過去を平成に限定する理由はといえば、平成最後の年を迎えるにあたって、ちょうど切りがよいということ以外にもっともらしい理由はない。過去を振り返る場合、その範囲を決めなければならないのは当たり前だろう。その点で、一九八九年から二〇一九年までの平成と呼ばれる時代はおおよそ一世代になり、短すぎず長すぎず、よい具合だ。

しかし、それだけではない。平成という元号が、何かしらの内実を伴うことのない記号でしかないことは先に触れた。実はそこに、平成という時代を振り返る利点がある。

平成が空虚な記号でしかないために、その間に起きたさまざまな出来事をこの記号の下に結びつけることができ、さらに、その結びつきから、一つの出来事だけでは読解不可能な意味やメッセージを創出することができるのである。これは、一見したところ無関係の出来事や現象に関連性を作り出し、あるいは、すでに自明とされている結びつきを解体することで、一つの「物語」を紡ぎ出そうとする試みだといえよう。

だから、本書の平成の歴史は、出来事を年表風に並べその内容を記述する、よく知られた事件史としての歴史ではない。むしろ、出来事の継起や断絶を解釈し、問題として提起するタイプの歴史だといえるだろう。

それでは、本書ではどのようにして、平成の歴史が描かれるのか。

まず、平成の時代を素描するためのキーワードを選び出した。すなわち、「ポスト工業化」、「ネオリベラリズム」、「格差社会」、「ポスト冷戦」、「五五年体制の終焉」、「日常の政治」という六つのキーワードだ。社会科学の分野に偏った選択ではあるが、これらのキーワードを掘り下げてわかりやすく検討し、キーワード間にどのような関連性があるかを探ることで、平成という時代の赤裸々な姿を浮き彫りにすることを目指す。

すでに読者の多くが予想するとおり、このようにして描き出される平成の相貌はかなり陰鬱だ。戦後の日本社会は、政治から経済、家族、教育、社会保障に至るまで、その制度基盤を高度経済成長期をとおして形成してきた。そうした制度が、時代の推移の中で、徐々に機能不全に陥っていった。そしてその弊害が誰の目にも明らかな形で社会問題化し始めたのが、平成という時代であった。したがって、平成は同時にそうした弊害を生み出す制度の改革が叫ばれ、そのいくつかが実際に試みられた時代でもあった。

はたしてそれらがうまくいったのか。本書ではその問いについて否定的な見解が示されることになるだろう。ようするに、平成の時代に露わになった社会問題の多くは、ポスト平成の時代にその解決を持ち越されたのである。では、先送りされた社会問題の解決や社会制度の再設計をどうやってすべきなのか。この問いを考えるための手掛かりをポスト平成の民主主義の観点から模索することが本書の課題となる。

〈平成〉の正体　なぜこの社会は機能不全に陥ったのか　目次

第四章　ポスト冷戦と強化される対米依存

第五章　五五年体制の終焉と挫折した政治改革

第六章　「日常の政治」からポスト平成を切り開く

第七章　特別対談　辻田真佐憲×藤井達夫
保守とリベラルは新しい「物語」をつくれるか？

第一章　ポスト工業化と液状化する社会

平成の事件史

ある時代には、それを象徴する事件や犯罪がある。たとえば、高度経済成長期の昭和を象徴する事件としての永山則夫連続射殺事件（一九六八年・昭和四三年）のように。

では、平成を象徴する事件は何であろうか。一九九五（平成七）年のオウム真理教による地下鉄サリン事件であろうか。一九九七（平成九）年の神戸児童連続殺傷事件であろうか。二〇〇八（平成二〇）年の秋葉原通り魔事件も衝撃的であった。二〇一六（平成二八）年、単独犯による戦後最悪の殺人事件の一つとなった相模原障害者施設殺傷事件も記憶に新しい。もちろん、こうした犯罪だけではない。平成には、巨大地震が多く起きた。一九九五（平成七）年の阪神・淡路大震災および二〇一一（平成二三）年の東日本大震災は被害の甚大さからして、平成の時代を代表する災害であったといえよう。

それらの多くが、普通の生活を送る人びとにとってその動機を理解しがたい犯罪であったり、それまでの日々の生活の中では想定できない規模の災害であったりした。たとえば、前者の犯罪に関していえば、秋葉原通り魔事件はその典型であろう。事件当時二五歳であった加藤智大に関して、すでに多くのことが明らかになっている。母親による度を越すしつけ、周囲への不満を言葉でなく行動でしかアピールできない彼の性格、高校および短大での挫折、派遣労働者としての不安定な労働、彼の居場所であったネット掲示板でのトラブルなどだ。

しかし、それらの情報を事細かに知ったとしてもどうもよくわからない。精神に異常を来《きた》したわけでもないのに、加藤がなぜ、恨みや憎しみの原因とは関係のない人びとをあのように殺《あや》めなければならなかったのか、納得のゆく理由を思いつくのはきわめて難しいのだ。当然のことだが、この本を手にしている人が仮に加藤と同じ経験をしたからといって、同様の無差別殺人を犯すとは考えがたい。では、加藤という特異な個人の問題として片づけて、私たちには関係ないと言い切れるのだろうか。おそらくそれはそれで難しい。何より、この犯罪が私たちの生きている時代の社会において生じたことは間違いなく、少なくともこの意味において、私たちと無関係だとは断言できない。それに、無関係とは考えていないからこそ、私たちは、秋葉原通り魔事件にせよ、オウムの事件にせよ、あるいは阪神・淡路の震災にせよ、そんな事件が起きれば必ずそれをきっかけに自分たちの社会のあり方を顧みてきたのだ。

ところで、平成の数多くの衝撃的な事件に遭遇することによって日常の微睡《まどろみ》からたたき起こされるたびに、私たちはまず何を感じてきたのだろうか。もちろん、その答えは各人まちまちだろう。しかし、こんな推測はできないだろうか。それらの非日常的な犯罪や災害の衝撃は、日常生活の盲目的に反復されるルーティンとその惰性の反復から生まれる上辺《うわべ》の平穏を一時的にではあれ停止させたはずだ。そしてその停止によって、人びとは無限に続くように感じられた日常の反復から脱して、「これまでとは違う」という現在の特異性に対する気付きを得たのではないだろうか。だとすれば、そうした非日常的な衝撃から生じる直感とは、今までとは何かが変わってしまった、今まで自明のものと信じていた何かが喪失されたという直感に違いない、と。

この直感をもう少し肉付けして言表するために、推測を続けよう。オウム真理教のサティアンへ強制捜査に向かう化学防護服をまとった完全武装の異様ないでたちの警察官の一群を目の当たりにしたとき、あるいは、福島第一原子力発電所の建屋の屋根が噴煙を上げて爆発する光景を目の当たりにしたときのことを思い出して欲しい。そのとき、私たちは、第二次世界大戦後の焼け野原から人びとが作り上げてきた社会の仕組みが完全に狂ってしまった、いやその社会そのものが終わってしまったということを直感したのではないだろうか。

では、いったいここでいう《社会》とはどんなものだったのか。そして、それが終わることによって、平成は何を失ったのか。本章ではこの問いについて検討しようと思う。その手掛かりは、昭和の工業化社会から平成のポスト工業化社会への移行にある。この工業化社会こそ、平成のさまざまな事件が起きるたびに私たちが繰り返しその終わりを確認することになる、《社会》に他ならない。そこで、まずこの《社会》とその仕組みから見ていこう。

日本型工業化社会の成立

論争はあるものの、日本が工業化社会からポスト工業化社会へと移行したのは、おおよそ、平成の初頭、一九九〇年代半ばだとされる。ポスト工業化社会は、工業化社会の後にくる社会を指す言葉だ。だから、まず工業化社会とは何かを押さえておく必要がある。

工業化社会とは、一般に、自動車などの製造業を中心に組織化された社会である。それは画一的製品の大量生産が行われる大工場のベルトコンベアを前にして働く多くの労働者と事務職に従事する大卒の少数の労働者が中心となり、安定した雇用と持続的に増大する所得の下、同じようなデザインや機能を持つ規格化された工業製品を購入するなどして、物質的に満たされた生活を追求していくような社会といえよう。

たとえば、一人の労働者のこんな一生を想像してみて欲しい。地元の高校を卒業し、大都市の工場で雇用される。終身雇用・年功序列といった安定した雇用環境の下で地道に働けば、賃金は少しずつ上昇する。職場内で年頃の女性社員を妻として娶り、その妻は出産を機に退職し、専業主婦として育児、家事、介護に専念する。二、三人の子どもが成長する中で余暇を楽しむためにトヨタ・カローラを購入し、郊外に一戸建てをローンで買い、定年退職まで勤め上げる。老後は、孫たちに囲まれながら、年金制度によって保障された余生を楽しむ。こうしたライフコースが理想とされ、また多くの人にとって手の届く社会が、まさに工業化社会なのである。第二次世界大戦後の昭和の日本はこの社会の完成に向けて突き進んできたのであり、その中で形作られた社会の自己理解が、一億総中流社会という疑似‐平等社会としての日本であった。

こうしたライフコースをもとにして組み立てられたのが、日本独自の社会システムである。これこそ、日本型工業化社会を実際に回していた仕組みといってよい。この仕組みについて教育学者の本田由紀が用いる「戦後日本型循環モデル」を参照すると、工業化した日本社会がうまく回っていたのは、仕事・家族・教育という三つの領域が「きわめて太く堅牢で」、「一方向的な矢印によって結合されていた」からだ、ということになる。別の角度からいうと、このモデルは、工業化した日本社会がうまく回っていく上で、日本政府は産業政策にせよ、教育政策にせよ、福祉政策にせよ、間接的な役割しか果たしてこなかったことを示すものであるが、それはともかく、このモデルによれば、昭和の日本社会は、《仕事→家族→教育→仕事……》というように三つの社会的領域を柱として自律的に循環していた。

まず仕事の領域から見てみよう。工業化社会において就職するには、高校あるいは大学を卒業することが断然有利であった。学生たちは新規学卒一括採用という日本独自の慣行によって、学校を卒業すると同時に企業に就職する。正社員として仕事に就いた労働者は安定した労働環境の下で、生活を賄うための資源の一切をこの労働による賃金によって得る。正規雇用の労働者は、上昇する賃金と安定を約束された雇用のおかげで、安心して家族を作ることが可能となる。

次に、「戦後日本型循環モデル」における家族の領域は、仕事によって賃金を家族に供する父親、専業主婦として家庭内の育児、家事、介護、教育の一切を担う母親そして子どもによって構成される。家族の領域ではシャドーワークを行う母親の役割がとりわけ重要だ。家族は父親が仕事から獲得するお金によって維持されるが、母親はそれを元手に家族のマネジメントを行う。具体的には、日用品からぜいたく品の購入、レジャー、そして、子どもの教育への投資だ。

最後の柱である教育の領域には家族から子どもおよび教育費用が供給される。このモデルにおいて教育の主要な目的は仕事の領域へ有用な人的資源を供給することにある。教育ママに背を押された子どもたちは難関校への入学を目指し、受験競争を勝ち抜かなければならない。その目的はより待遇の良い就職口を見つけ、より豊かで安定した生活を送るためである。このため、教育機関も基本的に、滞りなく労働者を企業へ供給するための労働者養成予備校として制度化されてきた。大学でさえそうだ。そして新規学卒一括採用制度によって、教育の領域から間髪を容れず大量の労働者が仕事の領域へと供給される。このように、《仕事→家族→教育→仕事……》という一方向に滞りなく進む循環が堅固な形でシステム化された社会こそ日本型工業化社会なのである。

工業化社会からポスト工業化社会への移行

工業化社会は日本において、第二次世界大戦後の高度経済成長期を経て確立されていき、さまざまな問題を孕みながらも、一九七〇年代後半から八〇年代にかけてそのピークに達し黄金時代を迎える。しかし、製造業の就業者数をサービス業の就業者数が上回る九〇年代の半ばには、日本社会はポスト工業化社会へと転換していくことになる。この転換の主な要因として挙げられるのが、バブル経済の崩壊による不況、冷戦終結によるグローバル化の進展と円高による製造業の生産拠点の海外移転、ネオリべ化（次章で説明）による規制緩和政策の推進などである。ちなみに、二度のオイルショックで深刻な不況に陥った欧米は、八〇年代にはすでに工業化社会の終焉を迎えたといわれている。

それでは、平成の初頭に本格的に始まる日本型ポスト工業化社会とはどのようなものか。最初に確認しておかなければならないことは、ポスト工業化社会への転換が一気に起きたわけではないということだ。それは、漸進的な変化の帰結に他ならない。その上で、社会のポスト工業化を表す明瞭な指標は、産業構造および就業構造、職業構造に見出すことができる。まず産業構造に関して、工業化社会では規格品の大量生産を行う製造業が基幹産業であったのに対して、ポスト工業化社会では、消費者の多様化したニーズに対応するべく、ITなどのテクノロジーを駆使して製品の多品種少量生産が行われる。すなわち、フレキシブルな生産だ。さらに、たんなるモノ作りだけでなく、情報や知識を生産しサービスする知識産業、ゲームやアニメなどのコンテンツ産業、そしてケアワークを含めたサービス産業が産業の中核となる。これに対応して就業構造および職業構造にも変化が生ずる。厚生労働省によれば、金融や情報、教育、医療・介護分野への就業者が増大し、製造業への就業者数は減少する。技能工・生産工程従事者や管理的職業従事者が減少していくのに対して、情報関連などの技術者や医療・福祉従事者が増大していく。また、雇用形態に関しては、マックジョブと呼ばれるような単純作業などの周辺労働は、短期雇用の非正規労働者にあてがわれることでその数は増大する一方、クリエイティブで責任を伴う労働を担う長期雇用の正規労働者はエリートに絞られる傾向にある。

ポスト工業化した平成の日本社会

産業構造ならびに就業構造、職業構造におけるこうした変化は社会全体に対して大きな変容を促すことになった。これらの変化からポスト工業化社会の付随的な特徴が現れる。それらの特徴を社会、政治、個人という三つの側面から整理してみよう。

まず社会的な側面に関して。先に述べた「戦後日本型循環モデル」に見られるような仕事、家族、教育によって支えられる社会システムが機能不全に陥る。《仕事→家族→教育→仕事……》という一方向に進む循環が堅固な形で制度化された社会が日本型工業化社会なのであるが、ポスト工業化社会ではこの循環がうまく回らなくなり、「戦後日本型循環モデル」は破綻する。その破綻の端緒は、仕事の領域で始まった。すなわち、労働の不安定化である。これによって、増大した非正規労働者は十分な賃金を得られず、家族を作ることが難しくなった。また家族を作っても、その賃金では子どもに対して十分な教育の機会を与えることが難しい。すでにこの時点で、この循環モデルはうまく回らなくなっている。しかし、問題はそれだけではない。こうした状況においても、いわゆる勝ち組は存在し、多額の資金を子どもの教育に費やすことができる。このため、親の経済格差が、そのまま子どもの学力における格差と繋がりやすくなる。初等教育において、すでにこの格差の連鎖が如実に表れ、教育達成に差が出てくる。この結果、高等教育、特に難関有名大学への入学は、勝ち組の親の子女が大多数を占めることになる。

このことが示唆するのは、ポスト工業化した平成の日本社会において、このモデルは事実上破綻しているにもかかわらず、手つかずのまま放置されることで、格差を拡大させ、さらに固定してしまうような形で作動しているということだ。事実、世代間移動——親と子の階層間の移動——はポスト工業化社会に突入していく平成において、間違いなく減少しているという指摘もある。つまり、ポスト工業化社会では社会的階層の世襲化＝固定化が進み、格差が再生産される構造となっている。

これに関連して、ポスト工業化社会では社会的分断が深刻化することがわかる。ポスト工業化が顕著となる一九九〇年代以降の日本では、政府によるネオリベ政策の推進によって、仕事の領域で非正規雇用が増大する中、労働者の間に勝ち組・負け組の対立が持ち込まれた。さらに、この経済上の格差は家族および教育をとおして世代間で相続され固定化される傾向にある。このため、生活の安全をはく奪され負け組と呼ばれる人びとにとって、昭和の時代の一億総中流社会といった日本社会の自己理解など欺瞞《ぎまん》に過ぎず、社会的な繋がりの意識を持ちようがない。しかも、政府は、社会がうまく回っていた工業化社会の昭和の時代とは状況が違うのに相変わらず、人びとの生活の安全を積極的に保障することを拒んでおり、社会分断に手当をする役割を果たそうとするつもりはない。こうして、二極化するポスト工業化社会では、持たざる者に対する持つ者の無関心が蔓延し、持つ者に対する持たざる者の憎悪が渦巻くことになる。

次に、政治に関連する側面について。この点は、章を新たに割いて論じることになるが、ここでは簡単に特徴を指摘しておこう。工業化社会では、産業を支える労働者の政治的影響力がピークに達する。具体的には、労働者をまとめあげ組織化する労働組合が発達し、これを支持母体とする革新政党（社会民主主義政党）が勢力を伸ばす。これによって、自営業者や資産家などを支持母体とする伝統的な保守政党と革新政党とが競合する安定的な政党政治が確立される。いわば、社会が大まかに二つの陣営に分かれ、それぞれの利害関心を代表する二大政党が、政権を求めて平和裏に競争するという仕組みが確立されるわけだ。日本では、自由民主党（自民党）と日本社会党（社会党）という二大政党が競合する戦後五五年体制がそれに当たる。もちろん、自民党の一党支配と社会党の万年野党化が実情であったものの、ともかく安定した代表制度の下で、自民党は日本型工業社会の確立と成熟を政策面で支えていった。

しかしながら、日本社会がポスト工業化の時代を迎える九〇年代半ばには、社会党は消滅し（社会民主党へ改称）、自民党も迷走する。すなわち、安定した政党政治は終わりを迎え、新党が乱立し支持政党を持たない無党派層が増大することになる。その原因はきわめて複雑であり、その中には特殊日本的なものもある。仔細は別章に譲るとして、一般的な原因として挙げられるのが、冷戦の終結と産業構造の変化および非正規雇用の増大による労働組合の組織率の低下だ。その帰結として左派・革新政党は弱体化することになった。また、この労働者政党の弱体化によって、ライバルを失った保守政党も迷走し、支持層のつなぎ止めに苦労するようになる。いずれにせよ、これが平成の政治を不安定化させる要因の一つであった。

では、個人に関する側面はどうか。社会のポスト工業化は個人にどんな影響を及ぼすことになったのだろうか。

自由であることの強制

ポスト工業化は、日本社会にネガティブな影響を及ぼしただけではない。もちろん、ポジティブな影響もあった。この点を強調しておく必要がある。そのポジティブな影響とは、自由の増大である。画一的で規律的な慣行からの解放といってもよい。ここに、ポスト工業化社会に生きる個人の特徴がある。いわば巨大な「鉄の檻」であった昭和の循環モデルが機能不全に陥り、人びとは否が応でもそこから解き放たれることになる。そして、自分の人生にとって何が望ましいか、そのために何をする必要があるのか、自分で決定し選択するよう求められるようになる。この意味において自由であるように強いられている、ともいえる。

先に挙げた本田由紀の「戦後日本型循環モデル」を再び用いるとしよう。仕事という領域に関していえば、安定した雇用条件の下で、二四時間企業戦士として、定年までひたすら働き続ける、そんな昭和の父親のような仕事に就けるのは、好むと好まざるとにかかわらず、限られた人びとだ。翻っていえば、ポスト工業化社会では、多様な働き方が可能となる。実際、フリーターなど、自分の趣味を優先させるために、非正規労働を自ら選択する人も少なくない。家族に関しても、循環モデルが停滞した状況において、結婚して家族を作ることが当たり前だとする社会的規範が破られつつある。生活の安全が損なわれ、将来の見通しが不確実になる中、家族を持つことを断念する人がある一方で、自らのライフコースにおいて家族を作らない方が望ましいと判断して、結婚しない選択を進んでする人びとも増加している。また、教育に関していえば、学校と仕事との連携は工業化社会の時代と比較して弱まりつつあるといえる。たとえば、大学は、未だに工業化社会の時代の慣行である新規学卒一括採用に拘束されており、ポスト工業化社会において本来必要な教育をできていない。翻っていえば、学校が社会に出てまともな仕事に就くための絶対的不可欠なルートであるとは限らなくなっている。また、苦労して難関大学に入学し、四年後に正規雇用の労働者になったからといって、昭和の時代のような幸福が約束されるとは限らない。なぜなら、それを約束した社会の循環はどん詰まり状態だからだ。ようするに、学校という規律を課す制度からも自由になる選択をしようと思えば、できるわけだ。

このように、ポスト工業化社会に生きる人びとは、「戦後日本型循環モデル」で想定されたライフコース、当時は夢や理想として考えられたライフコースから否応なく切り離されることで、それにつきものの画一的で規律的な慣行から解放され、好むと好まざるとにかかわらず自由になるよう仕向けられている。これは、煩わしい規範が減っていき、選択肢が増大し、生き方が多様化する状況でもある。とすれば、それ自体は、自由な社会にとって望ましいことである。しかし、それでは片づけられない問題もある。それは、ポスト工業化社会における自由の強制が、個人の生き方やアイデンティティに対して及ぼした影響だ。

ポスト工業化社会における再帰性の深まり

少なくとも、この自由の強制は、将来の根源的な不確実性という感覚をポスト工業化社会に生きる人びとに植えつけた。これが個人に与えた最大の影響だ。将来の根源的な不確実性という感覚は、未来がどのようなものなのか想像することがきわめて難しいというものだ。どうしてこんな感覚が浸透したかといえば、このように振る舞っておけば、未来において有意義な報酬を手に入れることができると確信させてくれる、あるいは、少なくともつつがなくいられるだろうと安心させてくれるような、確固たるもの、変わらないもの、それゆえ未来に対する信頼や確信を生み出すもの——これらは一般に、規範といわれるが——が社会から失われつつあるからだ。

多くの先進国は、二〇世紀の終わりまでに工業化社会からポスト工業化社会へと移行した。日本の場合、この移行は欧米よりも遅れて平成の初頭に起きたと考えられるが、その際、観察されたのが、工業化社会において人びとの生活を安定させ、さらに未来に対する見通しを与えていた、仕事－家族－教育からなる社会システムが機能しなくなる事態であった。とするならば、ポスト工業化した日本の社会から確固たるものが失われた原因は、そうした社会システムの機能不全に求めることができる。このシステムが機能している状況で、システムからその都度求められた規範――良き労働者としての規範、良き親としての規範、良き子ども・学生としての規範――から逸脱しないよう自らの行為を調整していけば、想定外のアクシデントを除いて安定したライフコースが約束されたわけだから、確かにそういえるだろう。

しかし、確固たるものが喪失されたことを説明するには、この原因だけでは十分ではない。工業化社会の成熟とポスト工業化社会への移行において生じていたのは、社会システムのような人びとが暮らす外部環境の機能不全だけではない。人びとの内面および社会の集合的な意識における変化も生じた。それは工業化社会が引き起こしたさまざまな問題、しかもその問題によって工業化社会そのものが破壊されてしまうような問題——よく挙げられる例としては、公害による生態系の破壊、地球温暖化による環境破壊と生活破壊、原子力発電所から漏れ出る放射能汚染の問題など——に直面した人びとが、その問題を生み出した工業化社会の諸前提そのものを批判的に検討することによって引き起こされた変化である。

ところで、そのような批判的態度、すなわち、自明視されている社会の諸制度や権威、個人のアイデンティティの根拠を再検討＝反省し、選択の対象とするような態度が人びとの間に広がり、社会のあり方として定着していく状況は、一部のリスク社会学の論者たちによって再帰性の高まりとして説明される。

そもそもこの再帰性は、近代社会に固有の性質である。自らの根拠を問うという態度は、近代社会の礎を築いた啓蒙の精神そのものだといえる。迷信と無知に満ちた前近代的な古い社会は再帰性という批判的態度によってその蒙を啓《ひら》かれ、理性が支配する近代的な文明社会が誕生する。そして二〇世紀、合理的な知によって自然をコントロールしようとしてきた近代社会は、工業化社会として完成する。しかし、近代を切り開いた再帰性の標的が近代の到達点である工業化社会の礎そのものに向かうときが来る。それは工業化社会の発展が工業化社会そのものを破壊するリスクが発生する段階においてだ――ある社会がリスク社会として把握されるのはこの段階だ――。このとき、工業化社会を支えていた価値観や慣習的行為、制度に対する信頼が失われ、すべてが懐疑と批判の対象となる。

いったんこの水準で再帰性が解放されると、もはやそれはとどまるところを知らない。物質的な豊かさを幸福と見なし、それをひたすら求めるライフスタイル、生態系を破壊してでも富を生み出そうとする経済のあり方、家族を再生産するために異性間でしか認められない婚姻関係、母親を家庭に閉じ込めシャドーワークに従事させ、子どもを親の願望実現の道具にする家族の形態、そこでの性役割、子どもを徹底的に管理し規律化することで従順な労働者を再生産する学校。これらの制度はいったい何のために存在するのか。この制度が社会を行き詰まらせているとするなら、それとは別のあり方を選択してなぜいけないのか。父親の権威から会社の上司の権威、教師の権威、医師の権威に至るまで、これらの根拠はいったい何か。それらが社会の閉塞感を作り出しているのに、なぜ従わねばならないのか。そのような制度に組み込まれ、権威に盲従する私とはいったい誰なのか。本来の私なのか。国籍、性別、社会的地位、人種や民族といった属性のどれが、私は誰であるのかを説明するものなのか。問題は、これらの問いに対して、絶対的な答えがない時代が平成のポスト工業化と共にやってきたということだ。いかなる答えであろうが、それは批判と再検討の対象となり得、そしてここがポイントであるが、究極的には選択の対象となり得る。少なくとも、選択の対象であるかのように見えてくる。なぜなら、それらの問いに答えを与えていたもろもろの規範——伝統や慣習的行為、さらに科学的真実でさえ——が再帰性の高まりの中で、かつての説得力や本物らしさを失い始めたのがポスト工業化社会に他ならないからだ。

ポスト工業化社会がこのようなものだとすれば、平成の時代に生きる私たちに未来の道標を示してくれる確固たるものはより根源的なところで喪失されていると考えられる。そこから帰結するのが、自由であれ、選択せよという過酷な命令と、将来の根源的な不確実性という感覚なのだ。

平成の事件史再考

少々話が抽象的になりすぎたかもしれない。この章の冒頭に挙げた、平成の時代を語る上で欠かせないいくつかの犯罪や災害は、ポスト工業化しつつあった日本社会を背景にしていた。その点から見るなら、平成は、昭和＝工業化社会を支えていた確固たるもの――価値観や慣習的行為、制度――がそこに生きる人びとにとって客観的にも主観的にも崩れ去っていった時代であった。確固たるものが喪失された後に残ったのが、今ここで選択せよという命令と、未来の不確実性への感覚である。

こうしたポスト工業化社会の状況に対して、そこで暮らす人びとには、個人的あるいは集団的に、どんな対応が可能なのだろうか。自由の強制と未来の不確実性という感覚は普通、多くの人びとに不安というストレスを与えるはずだ。やむことのない不安の中で滞りなく日常を生きていくには、おそらく三つのやり方がある。

一つ目は、この状況を引き受けるやり方だ。すなわち、不安に耐えつつ、よりよい未来を信じて手探りで選択をしていく、そんな生き方だ。むろん、それには強靭な精神力が不可欠だ。二つ目は、フェイクでも何でも構わないので、今の不安を取り除いてくれるものに帰依するやり方だ。威勢のいい言葉だけの政治家への依存、偽られた歴史や伝統への依存、自分よりも弱い立場の者への暴力への依存など、挙げたら切りがない。そして、三つ目は、無関心になるということだ。こうした状況についてあれこれ考えない、不安も極力感じないようにする。これが、もっともありふれた自己防御的な対応だといえよう。

平成の時代の犯罪や災害が起きたのは、こうした無関心というメンタリティが支配的となった社会においてだ。そのたびに、人びとは日常の微睡から無理やり引き戻され、ポスト工業化社会の現実へと直面させられてきたのではないか。たとえば、二つの震災を思い出してみよう。神戸の街が炎に包まれ、ビルや高速道路が波打ち倒壊した光景を見たとき、高度経済成長期以来の日本の都市計画の失敗、工業化した日本の技術力の限界、そして、行政の危機管理能力の杜撰《ずさん》さを目の当たりにすることになった。また、東北地方を襲った地震による揺れと津波に襲われた、福島第一原子力発電所事故においてもそうだ。工業化社会を象徴する原子力発電所建屋の水素爆発と放射能汚染の拡散を目の当たりにしたとき、人びとは原子力発電のリスクの高さと科学技術の限界を再確認しただけでなく、原子力発電を可能にすると同時にそのエネルギーによって支えられてきた工業化社会の終わりを実感することになった。ようするに、地震で揺らいだのは、工業化した日本社会を支えてきた確固たるものと、それに対する信頼であった。

冒頭で挙げた犯罪に関してもそうだ。オウム真理教のテロにせよ、秋葉原通り魔事件にせよ、相模原障害者施設殺傷事件にせよ、その残忍さへの憤りに当時の日本社会全体が覆われた。しかし、それと同時に、人びとが感じたり再確認したりしたのは、何かが終わってしまったこと、あるいは何かが喪失されてしまった、ということのように思われる。それは、私たちの社会に安心を与え、その未来に確実性を与えていた価値観や制度、慣行、人びとにどう振る舞うべきかを教えて秩序を作り出していた規範、こうした確固たるものの喪失感ではなかったか。

ともかくも、これらの事件が私たちの社会の再帰性を高め、そのあり方を再検討する機会であったこと、新たに確固たるものを作り出す好機であったことは確かだろう。しかし、平成の時代が終わるにあたって、反原発に関する国民世論の鈍さを見ても、この機会が十分有効に活用されたかといえば、それは甚だ疑わしいといわざるを得ない。

参考文献

中島岳志『秋葉原事件――加藤智大の軌跡――』（朝日文庫、二〇一三年）

見田宗介『まなざしの地獄』（河出書房新社、二〇〇八年）

大澤真幸『不可能性の時代』（岩波新書、二〇〇八年）

大澤真幸『増補　虚構の時代の果て』（ちくま学芸文庫、二〇〇九年）

吉見俊哉『ポスト戦後社会』（岩波新書、二〇〇九年）

本田由紀『社会を結びなおす』（岩波ブックレット、二〇一四年）

小熊英二『社会を変えるには』（講談社現代新書、二〇一二年）

小熊英二「総説――「先延ばし」と「漏れ落ちた人びと」」小熊英二編著『平成史　増補新版』（河出ブックス、二〇一四年）

賀来健輔・丸山仁編著『ニュー・ポリティクスの政治学』（ミネルヴァ書房、二〇〇〇年）

ウルリッヒ・ベック、アンソニー・ギデンズ、スコット・ラッシュ『再帰的近代化』（松尾精文・小幡正敏・叶堂隆三訳、而立書房、一九九七年）

ウルリッヒ・ベック『危険社会』（東廉・伊藤美登里訳、法政大学出版局、一九九八年）

ロナルド・イングルハート『静かなる革命』（三宅一郎訳、東洋経済新報社、一九七八年）

Peter Wagner, *A Sociology of Modernity: Liberty and Discipline*, Routledge, 1994.

第二章　ネオリベ化した社会の理想と現実

ネオリベラリズムとは何か

ネオリベラリズム（新自由主義）、略してネオリベ。特にゼロ年代以降、日本でも人口に膾炙《かいしゃ》した言葉になったが、今では取り立てて論じられることも少なくなったようだ。それは、ネオリベラリズムが日本社会にもたらした多くの弊害が否定しがたいものになっている一方で、これに代わる別の選択肢がはっきりしない現状があるからかもしれない。それはともかく、このネオリベラリズムこそ、平成の時代の日本が抱えた社会問題の背景をなすものであったことは間違いない。たとえば、ワーキング・プアや子どもの貧困、「すべり台社会」と形容されたセイフティネットの崩壊、そして自己責任論。これらは平成を理解する上で不可欠なトピックであり、そのうちの多くが日本社会のネオリベ化と深く関わっている。はっきりいえば、平成の時代の生き辛さや閉塞感の一端は、日本社会がネオリベ化したことにあった。だから、まずネオリベラリズムについて語ることが必要だ。それなしに、平成の時代を知ることはとうていできない。

それでは、そもそも、ネオリベラリズムとは何か。この問いに対しては、多様な応答が存在する。というのも、ネオリベラリズムの定義や説明は多岐にわたるからだ。そこで、本書では、福祉国家の下で行われた社会秩序の形成と維持の仕方に代わる秩序の管理の仕方、すなわち、統治の様式としてネオリベラリズムを理解しようと思う。ようするに、ネオリベラリズムは、平成の社会を統治するための原理ないし思想であり、さまざまな政策からなるプログラムであったということだ。少々ややこしいので、ここは丁寧に説明する必要があるだろう。

一般に、ネオリベラリズムは経済学の用語として理解されることが多いのではないだろうか。そうした理解によれば、ネオリベラリズムは一九七〇年代の不況の原因と見なされたジョン・メイナード・ケインズの経済学およびそれにもとづく一連の政策、すなわち、ケインズ主義への批判ならびに代替策として登場する。そこで、まずケインズ主義のポイントを押さえておこう。

ケインズ主義とは、第二次世界大戦後の資本主義を主導し、いわゆる「福祉国家」の確立と運営を担った理論と実践の集合体の総称である。その最大の特徴は、政府が経済政策をとおして総需要を管理することによって、失業などの経済問題を解決し、経済成長を達成しようとする点にある。ここから、政府による市場や経済活動への積極的な介入政策というケインズ主義の特徴を引き出すことができる。それは、総需要の「管理」という言葉に端的に示されている。古典的な経済学では、こうした市場への政府の介入はよしとされてこなかった。いわゆる、市場のメカニズムが自律的に作用するのに任せるという、自由放任主義だ。なぜ自由放任主義かといえば、市場の自律的なメカニズムこそ需要と供給の望ましい均衡を生み出すのに対して、政府の市場への介入はこの自律的なメカニズムの働きを阻害すると考えられてきたからだ。この自由放任主義とは異なり、ケインズ主義は、公共事業などの有効需要を創出する政策によって、完全雇用を目指すだけでなく、銀行や証券会社など金融機関に規制をかけることで、金融システムの安定化を目指し、さらに、高所得者に対して多大な税を課すことをとおしての所得の再分配機能の強化を目指した。これらはすべて、大規模な財政出動を行い、さらに、市場に積極的に介入する「大きな政府」によって行われたのであった。

ネオリベラリズムは、一九七〇年代の経済および社会の停滞の原因がケインズ主義にあると批判することで、それが後ろ盾となっていた「大きな政府」や、政府の介入をとおして市場や人びとの経済活動に課せられる「規制」に対して激しい攻撃を加えた。「大きな政府」による市場への介入こそ、経済成長を妨げる最大の要因だとした。こうして、ネオリベラリズムは、ケインズ主義の総需要管理政策に対して供給サイドを改善するための政策を掲げることになる。その一つが、民営化(privatization)、すなわち、国営企業の民間企業化や行政サービスの民間への下請け化などによる規制緩和である。また、一九二九(昭和四)年の大恐慌の反省からケインズ主義では、金融規制が重視されたが、ネオリベラリズムでは、株や為替をはじめとする金融市場の規制撤廃・自由化が求められる。さらに、福祉国家の下で行われた累進課税制度による富の再分配よりは、高所得者層や企業への減税による富の創出が経済成長のカギとされた。

このように、ネオリベラリズムを経済学の用語によって説明することは、もちろん正しい。しかし、先に挙げたような、平成の日本社会のさまざまな社会問題の背景としてネオリベラリズムを理解するには、もう一歩踏み込んでみる必要がある。それが統治の様式としてのネオリベラリズムである。

ネオリベラリズムの夢

人びとを統治するとはどういうことか。ごくごく簡単にそれを定義するなら、生きるために集合し活動する人間たちの間に秩序を作り出し、それを管理すること、となるだろう。統治の様式という場合の様式は何を意味するのか。それは、統治のための原理やプログラムとして把握することができるであろう。それでは、ネオリベラリズムとはどんな統治の様式なのか。そして、ネオリベラリズムはどんな秩序を夢見るのか。

人びとの間に秩序を作り出す場合、まず必要になるのがその秩序の全体像だ。これを統治の原理と呼ぶとすれば、ネオリベラリズムの原理は、自由である。つまり、ネオリベラリズムは自由をとおして統治しようとする。しかし、ここで問題になるのが、いかなる自由かということだ。自由にもいろいろな種類がある。ネオリベラリズムにおいて、競争的な市場における個人の選択の可能性こそが自由である。したがって、ネオリベラリズムが構想する秩序は、生きるために必要な財を自ら選択し、独力で競争に打ち勝つことでその財を獲得しようとする個々人から形成される。だから、その秩序の原理をより簡潔に表現するなら、日々の生活の中での終わることなく繰り返される選択と競争ということになる。

こうした秩序を実現するためのプログラムは、大きく分ければ二つある。一つは、選択と競争が可能な環境を制度として整えること。このためには、ケインズ主義の下で肥大化した「大きな政府」を「小さな政府」にし、政府の介入を可能な限り減らすべく、さまざまな規制を撤廃することが必要になる。さらに、あらゆる組織や人間関係に市場のメカニズムを組み込み、それらのパフォーマンスを市場の物差しで測るようにする必要もあるだろう。

もう一つは、そうした環境で自由を十分に行使し得る自立した個人を作り出すことである。そのためには、個人を受動的かつ依存的にする、ケインズ主義の福祉政策を止める必要がある。それだけでなく、経営学や心理学の専門知識を活用して、個人に企業家精神（entrepreneurship）を植えつけなければならない。企業家精神とは、自己およびその家族の利益の最大化を目指して、費用対効果に配慮しつつ積極的に選択し、かつそれに伴うリスクを自らの責任で適切に管理する態度や能力を意味する。これこそ、競争と選択とからなる秩序に不可欠なメンタリティに他ならない。

企業家精神がネオリベラリズムの統治において求められる不可欠のメンタリティである理由は他にもある。それは、ネオリベラリズムの統治下での秩序が自由である分、安全を欠いてもいるからだ。ネオリベラリズムが選択と競争の代償として安全を犠牲にする統治だからといってもよいだろう。安全が保障されないジャングルで、自らの責任でリスクヘッジし自分自身の能力で安全を確保する企業家精神がなければ、こうした秩序を生き抜くことはきわめて難しいことになるのである。

しかし、なぜネオリベラリズムの統治は、安全を欠いているのか。この安全の問題はネオリベラリズムの統治の特徴を理解するための格好の手助けとなる。

まず、ケインズ主義の下での福祉国家的統治、いい換えるなら、「大きな政府」による統治について言及する必要がある。この統治の様式の特徴的な点は、政府が、市場のみならず、家族や教育、職場、地域社会といった社会のさまざまな領域に介入し、さまざまな規制をとおして秩序を作り出そうとした点にある。その際、そうした介入はそれぞれの領域の専門家たち、たとえば、官僚や学者たちの知を総動員することで行われた。先に触れたように、この介入や規制の狙いは、市場や家族などの安定化と安全の確保にあった。たとえば、市場を規制なしの自由放任状態にすれば、失業と貧困が深刻化する危険がある。家族にまったく介入しなければ、育児に無責任な親の下にある子どもたちは、早死にしたり、身体的および精神的発育が不十分なまま大人になったりする危険がある。これらの危険は、当然、秩序を乱す脅威となる。政府が専門知を駆使して介入することで、これらの危険を予防しあるいは矯正することで安全を確保する。ここに福祉国家的な統治の原理の核心があった。これを実現するための代表的なプログラムが、家族に介入するための社会福祉事業であり、労働者や老人の生活のリスクに備えて保護を提供するための社会保険制度であった。

ネオリベラリズムはこの規制を撤廃しようとするのだから、それが構想する秩序にはリスクが満ち溢れ、安全は損なわれることになる。

しかし、ネオリベラリズムの統治の特筆すべき点として、安全が自由とトレードオフの関係にあるということを指摘するだけでは十分とはいえない。その統治の下では、秩序を構成する一人一人を包摂し結びつける繋がりが希薄になる。しばしば、この繋がりは、社会学や政治学で社会連帯と呼ばれるが、ネオリベラリズムは、人びとのそうした社会的な繋がりを破壊した上で、そこから解放された、企業家としての個人からなる秩序を作り出そうとする。

そもそも、福祉国家的統治において、その介入的政策は、この社会的繋がりを守るためという理由で正当化されてきた。というのも、この統治において、社会的な繋がりこそ秩序の基盤だと考えられているからである。人びとは日々の生活の中で国民として、あるいは労働者として、見知らぬ他の仲間の人びとと相互依存的な関係にある。私の労働によって生産された財を他の誰かが消費することでその人の生活が成り立ち、同様に、私自身の生活も私の見知らぬ人びとの労働が生み出す財によって成り立っている。ある一人の人間の生存が可能になるのは、そうした相互依存的な関係性、すなわち社会の中での結びつきがあるからである。他者とともに暮らす人間は、この相互依存的＝社会的な関係から免れえないという意味で、すべて社会的存在である。この社会的存在は、孤立した私的個人としての権利と義務を持つだけでない。社会的繋がりの一員であることによって付与される社会的な権利と社会的な義務を有する。それらは社会的な繋がりによって保障される権利であり、その繋がりを維持するための義務である。この社会権をもとに構築されたのが、年金や健康保険などの社会保険制度だ。それは、国家が後ろ盾となって社会の安全を実現するための制度に他ならない。これが、福祉国家的統治の典型的なプログラムなのだ。

これに対して、ネオリベラリズムは社会的な繋がりを統治の基盤としない。ここがポイントだ。ネオリベラリズムにとって、統治の基盤は競争と自己選択としての自由である。このため、社会的な繋がりはむしろ、自由の足かせとなる。ネオリベラリズムは一貫して、慢性的な財政赤字に苦しむケインズ主義的福祉国家の社会保障制度を批判してきた。しかし、この批判における財政赤字という理由だけに目を奪われてはならない。ネオリベラリズムを統治の様式として理解する場合、この批判で重要なのは、社会保障制度が国家財政を逼迫させているという点だけでなく、それがあるべき統治の原理である、自由の障害になっているという点にある。というのは、社会保障制度が人びとを依存的かつ受動的にし、厳しい競争と自分の責任で行うリスクのある選択を避けさせるからである。もっといえば、社会的繋がりなどというものは、人びとを甘やかし無気力にすることで、社会から活力と道徳心を奪い取ってしまうからだ。だから社会的繋がりなどは幻想として捨て去り、社会保障制度を解体しなければならない。それと同時に、企業家精神を人びとの内面に植えつけることで、バラバラに孤立していてもアクティブで自助的な個人からなる秩序、活力にあふれ、しかも道徳的な秩序を作り出す。これこそ、ネオリベラリズムの夢なのである。

グローバル化するネオリベラリズム

さて、これまでに述べてきたことは、不純物を取り除いて純粋培養した、理論上のネオリベラリズム、しかも、統治の様式として理解されたネオリベラリズムである。次に、このネオリベラリズムが平成の時代の日本社会に導入された経緯や、それが現在にまで及ぼしている影響を見てみようと思う。しかし、その前に、ネオリベラリズムが一九八〇年代以降の西側先進諸国で、ケインズ主義に代わる支配的な統治の様式になった経緯に関して触れておきたい。

欧米諸国においてネオリベ政策を積極的に推し進め、その後の先進諸国の政策のトレンドを作り上げたのが、一九七九（昭和五四）年に誕生したイギリス保守党のサッチャー政権と一九八一（昭和五六）年の米国共和党のレーガン政権であった。これよりも以前には、チリの独裁者ピノチェトがフリードマン率いるシカゴ学派の経済学者たちの指導の下でネオリベラリズムを導入していた。これらの事例から推測できるのは、第二次世界大戦後のケインズ主義的福祉国家を指導したのが左派勢力に支持された社会民主主義政党——米国ならば、革新リベラル政党——であったのに対して、ネオリベラリズムを積極的に推進したのは、右派勢力に支持された保守政党であったということだ。この推測は完全な誤りだとはいえないが、当時の実情を正確に表していない。なぜなら、右派ばかりでなく、一部の左派からも福祉国家的な統治への批判が噴出していたからである。

欧米の民主主義国において、八〇年代以降ネオリベラリズムが受容されていく背景には、七〇年代にそれらの国家を襲った二つの石油危機とそれに端を発したスタグフレーションがある。すなわち、インフレ率と失業率が同時に上昇することによる不況だ。しかし、当時のケインズ主義はこの不況を克服する術を持たなかった。そのため経済の停滞は長期化した。これとともに社会問題が噴出することで、第二次世界大戦後の新たな統治のレジームであった福祉国家への信頼は地に落ち、その権威は失墜することになる。

しかし福祉国家的統治の行き詰まりは経済的な側面だけに現れたわけではない。その介入主義は、家庭や学校といった場における画一的な規律化とそれを担う専門家支配の傾向を強めることになった。この傾向によって福祉国家は時に、人びとが自律性や自己決定権を行使する際の妨害者となり、自由の要求と激しく衝突する場面を日々の生活に作り出すことになった。さらに、政策の実施のために構築された、巨大化した官僚・行政組織と労働組合や業界団体などの大規模な利益団体との密接な関係は、そうした団体内部のモラルハザードを生み出しただけでなく、政策の執行過程および政策決定過程における不透明性や閉鎖性を高めることになった。いわゆる、利益誘導型の政治だ。その結果、民主的な統制は弱められる。これらの事態から、右派のみならず左派の目からしても、当時の福祉国家は統治能力の限界を露呈しつつあった。いやそればかりか、統治の民主的正統性も失いつつあったのである。ようするに、ネオリベラリズムの統治の是非は別として、一九八〇年代以降、福祉国家的統治からの転換は抗いがたいものになっていった。

日本社会のネオリベ化

この抗いがたい世界史的な潮流に日本も巻き込まれることになる。そこで、まず、平成の時代の日本社会にネオリベラリズムが導入されていく過程を簡単に見ていこう。

日本社会のネオリベ化が話題となる場合、小泉政権下での「聖域なき構造改革」、中でも労働者派遣法改正以後の非正規雇用の増大に焦点が当てられることがしばしばある。もちろん、この焦点化が誤りというわけではない。しかし、それだけでは、小泉改革が降って湧いたように見えてしまう。さらに、ネオリベ化という一九八〇年代以降の世界史的潮流、すなわちネオリベラリズムのグローバル化に日本が巻き込まれざるを得なかった様子を十分にとらえきれない。このため、平成のネオリベ化の源流を昭和にさかのぼる必要が出てくる。

まず押さえておかねばならないのは、日本においても、ネオリベラリズムの導入が検討され始めるのが、七〇年代のスタグフレーションによる日本経済の停滞と財政赤字の増大に端を発しているということだ。この事態に対応するために政府および経済界が目指したもの、それが、財政規模も小さく、したがって企業への課税も抑制的な「小さな政府」であった。福祉国家という「大きな政府」から「小さな政府」へ。これこそ、当時、不況に苦しむ先進諸国のいたるところで叫ばれたネオリベラリズムのモットーだった。一九八〇年代以降の日本においてこのモットーの下で進められたのが、いわゆる行政改革路線である。一九八一（昭和五六）年、「第二次臨時行政調査会」が鈴木内閣の下で設置され、その基本答申で提案された三公社（日本国有鉄道、日本電信電話公社、日本専売公社）の民営化が中曽根首相のリーダーシップの下で遂行された。それは、八〇年代の行政改革のシンボル的出来事であった。

「ジャパン・アズ・ナンバーワン」という言葉に象徴される八〇年代は、経常収支の赤字に苦しむ米国が、国際競争力を高める日本に対して市場開放の圧力を強めた時代でもあった。この米国からの外圧がネオリベ化の基本路線をさらに推し進めることになる。

当時米国は、日本との経常収支の不均衡を解消するべく、円安の是正、規制緩和や金融および資本市場の自由化を求めて日本政府に圧力をかける方針をとった。その方針の理論的裏付けとなったのが、ネオリベラリズムであったわけだ。米国からのこの圧力を全面的に受け入れ、ネオリベラリズムの経済理論にもとづいた政策提言をまとめたものが、中曽根内閣の下で出された、いわゆる「前川レポート」である。

一九九〇年代も同様に、政府および経済界が進める行政改革路線を後押ししたのが米国からの外圧であった。クリントン政権からは規制緩和の推進と同時に財政出動による内需拡大という難題を突き付けられたが、それに対して、当時の細川内閣は「原則自由・例外規制」の方針を打ち出した「平岩レポート」で応えた。これをもってその後の日本社会のネオリベ化は確定的になった。

日本社会のネオリベ化における、いわばマクロな動向を以上のように説明できるとすれば、人びとがネオリベ化した日常を肌身で感じるようになったのは、労働の規制緩和による、非正規雇用の増大ならびにそれに伴う貧困化であったはずだ。労働は人びとの所得や日々の暮らしに直結するからだ。

労働の規制緩和は、米国からの外圧を受けた細川内閣によってすでに実施されていた。一九九三（平成五）年の労働基準法の改正によって、就労時間の規制緩和が行われた。続く一九九六（平成八）年には、橋本内閣の下で派遣事業の規制緩和が行われたのだ。さらに、一九九九（平成一一）年には派遣業種の原則自由化が行われ、二〇〇四（平成一六）年、ついに小泉内閣の下で製造業への派遣が解禁された。これら一連の労働の規制緩和に伴い、雇用環境は激変すると同時に労働者の所得は減少し続けていった。

不安定化した労働によって平成の時代に暮らす人びとの生活の安全は徐々に奪われ、その未来は不確実なものとなっていった。もはや誰の目にも明らかになりつつあったこうした事態は、「ワーキング・プア」、「格差社会」などという言葉をとおして社会問題化されることになる。

ネオリベラリズムは、平成の日本社会をどう蝕んだのか

ここで今一度、ネオリベラリズムとは何かを思い出してみよう。先に述べたように、ネオリベラリズムとは統治の様式である。平成の日本社会がネオリベ化したということは、その統治の原理、すなわち選択と競争という意味での自由——自由にはもっと多義的な意味があることは指摘するまでもない——を受け入れ、それを実現するために策定されたプログラムに従って統治されたということだ。

ネオリベラリズムの統治のプログラムの基本は、規制の撤廃ないし緩和にある。ネオリベラリズムからすれば、規制とは、政府を肥大化させると同時に政府の介入の口実であり、市場における合理的な調整メカニズムを阻害し、企業の競争力を奪い、労働者を依存的な怠け者にし、消費者の自由な選択を妨げ、社会そのものを非効率で非生産的、不道徳、不活発にさせるものである。だから、市場原理を家族や教育、地域社会へと導入し、民営化を積極的に推し進め、規制を撤廃することで効率的で生産的、道徳的な社会を作り出さねばならないのだ。確かに、規制は自由を制約する。規制は競争を妨げ、既得権益を守り、社会のモビリティを低下させ、活力を奪うネガティブ

な面がある。だからネオリベラリズムのすべてが間違っているわけでは当然ないし、社会の閉塞性を打開するために必要な場合もある。

しかし、その一方で、規制にはポジティブな面もある。それは、競争の激化によって社会が弱肉強食のジャングルになってしまわないよう、生き残りをかけた闘争を規制し、老人や子ども、障害のある人びとを守り、競争に負けた人びとを支えることで生活の安全を確保する。ネオリベラリズムの統治における問題は、後者の規制まで、というよりはそうした規制を標的にしたことにあった。その理由は多くあるが、日本においては、その一つがネオリベラリズムの導入を経済界の利害関心に従って行ったことにある。この点は、企業の税負担を軽減するための「小さな政府」化、人件費削減を容易にすることで企業の短期的利益を確保するための雇用の非正規化など、まさに企業の論理に従った規制緩和に如実に表れており、否定しがたい。その理由はともかくはっきりしていることは、平成のネオリベ化は、日本の社会から何よりも安全を奪ったということだ。そして、私たちは平成という時代をとおして、労働が不安定化し、生活の安全が奪われ、未来が余りに不確実になった社会は、多くの人びとにとって平等が著しく毀損《きそん》され、自由が享受されにくい社会、希望も活力もなく生き辛い社会だということを知ることになった。

具体的に見てみよう。労働が不安定化し、生活の安全が奪われた社会、すなわち、ネオリベ化した社会においてまず現れる社会問題は、貧困問題である。この問題は別の章でも論じるが、ネオリベ化した平成の日本社会でも貧困問題が浮上した。日本では、とりわけ、ワーキング・プアの問題をとおして平成の貧困問題が可視化されることになった。

二〇世紀において、貧困問題は一般に失業問題であった。すなわち、貧困は労働しない人、職がなくて労働できない人の問題であった。ネオリベ化した社会においては、労働しても賃金が余りに低いため貧困状態――先進国においては、相対的貧困を意味する――から抜け出せない人びとが多くの国々で出現した。これがワーキング・プア問題である。日本では、ワーキング・プアの出現は、非正規労働者の増大と直接関連していることが多くの研究で指摘されている。橋本健二によると、二〇〇七（平成一九）年の時点で、パート主婦を除いた非正規労働者人口が八〇〇万人だとするなら、その大半がワーキング・プアに当たる。実に、全就業人口の一三％近くに及ぶことになる。

驚くほどの数だ。しかし、ワーキング・プアの問題が深刻なのは、貧困線以下の暮らし——平成の日本では、一人世帯でおおよそ可処分所得が一二〇万円以下の暮らし——を強いられている労働者の数の多さだけではない。何より、労働を中心に組み立てられた私たちの生活の安全を確保するセイフティネットを崩壊させる点にもその深刻さが窺われる。

現代の社会を何と呼ぼうが、ほとんどの人びとがこの社会で生きていくためには、労働しなければならない。なぜなら、労働の報酬としての賃金のみによって、生きるために必要な財、たとえば、住居、食糧、衣服、移動、交際、趣味などを獲得できるからだ。もちろん例外はある。労働なしで生きていけるだけの資産を有している人などがそうだ。しかし多くの人たちは働かなければ生きていけない。翻っていえば、労働の機会が与えられ、賃金が得られるなら、それによって生活が——その水準を問わないとすれば——、保障される。だから、私たちの社会では、労働ないし雇用こそセイフティネットの基盤なのだ。しかし、このセイフティネットだけでは心もとない。私たちは何かのアクシデントで働けなくなることもある。また、歳をとれば生きていくのに十分な賃金を得る労働をできなくなるのは確実だ。そうした場合に備えて、第二次世界大戦後の日本の社会では公的な医療保険や年金保険、雇用保険などの社会保険制度が整備されている。これが雇用に代わるもう一つのセイフティネットだ。そして、もう一つのセイフティネットがある。それは生活保護などの公的扶助である。これら三つのセイフティネットのおかげで私たちの生活の安全が維持されるわけであるが、問題は、もっとも多くの人びとが利用する最初の二つのセイフティネットが労働に依拠しているということである。すなわち、労働しなければ、生活が守られないのだ。

第一の雇用はいうまでもない。では、第二の社会保険はどうか。ご存じのとおり、日本においては、健康保険にせよ年金保険にせよ、各人の労働から得た賃金で保険料を支払わなければ、受給資格を得られない。受給資格がなければ保障が得られないのは当然だ。低賃金のため、働いても貧困状態にある人びとの中には、社会保険料を払えない場合があることは十分に理解可能だ。事実、二〇〇六（平成一八）年の国民年金の保険料の実質納付率は衝撃的であった。なんと五割を切ったのである。ならば、公的扶助を利用すればよいのだが、その利用には、さまざまな生活上の制約が伴う。また、世間から後ろ指をさされたりするなど、スティグマ化も熾烈だ。これゆえ、貧困状態にあってもその利用を控える人びとが少なくない。

このように重要なセイフティネットが労働に依拠しているため、労働が不安定化すると、セイフティネットも不安定化せざるを得ない。不安定化した労働が生み出したワーキング・プア問題は、私たちの生活の安全を守る現行のセイフティネットの機能不全の問題と表裏一体だといえるのだ。

ワーキング・プア問題は、さらに、女性や子どもの貧困問題と強く関連する。第二次世界大戦後以降の日本社会では女性の多くが、家事や育児、介護といったシャドーワーク以外に、低賃金でしかも労働者保護のための規定が適用されない不安定な労働に従事してきた。高度経済成長期における専業主婦という階層の出現は、女性の不安定な労働や貧困を一時的に目立たなくしたが、その後の一九九〇年代以降、女性の労働に新しい傾向が出てくる。それが、高賃金で安定した労働に従事する少数の女性労働者と、低賃金・不安定労働に従事する大多数の女性労働者との二極化である。それと共に後者の極にある女性の貧困化は進んでいく。当然であるがその背景には、非正規雇用に従事する女性労働者の増大があった。前出の橋本健二によると、性別・配偶関係別に見た非正規労働者の人数を一九九二（平成四）年と二〇〇七（平成一九）年で比較するなら、配偶者のある女性の非正規労働者は五九三・一万人から七一八・七万人へと約一・二倍の増加であったのに対して、配偶者のない女性の非正規労働者は一五四・九万人から三五〇・七万人へと約二・三倍の増加となった。ちなみに、二〇〇七年の配偶者のない男性の非正規労働者は、二〇四・六万人であり、一九九二年からの増加率は、約二・六倍であった。その実数および増加率を考慮するなら、自らの労賃にしか頼ることができないために貧困状態に陥りやすい、独身で非正規雇用の女性労働者の増大が問題になったといえるだろう。

これに関連して、子どもの貧困も平成をとおして増加傾向にあり、二〇一二（平成二四）年には一六・三％という、一九八六（昭和六一）年の調査開始以来最悪の状態となった。特に、母子世帯の子どもの貧困率の突出した高さは、典型的なシャドーワークである子育てをしながら働く女性の困窮化の実情を示しているといえるだろう。このようにワーキング・プア問題において見逃してならないのは、労働の不安定化や生活の安全のはく奪が起きたのは、労働者全体ではなく、非正規雇用にあった特定の労働者であったこと。さらに、労働の不安定化による貧困は女性や子どもといった特定の社会集団に顕著であったということである。平成の社会はすべての人が豊かになったのではもちろんない。また、すべての人が同じように貧しくなったわけでもない。社会全体は貧しくなる傾向にあるものの、その中で、ある特定の人びとだけが極端に貧しくなったのである。

自己責任論の正体

そして、ここから出てきたのが、二つの現象だ。一つが、社会の二極化あるいは分断である。これについては、労働者の「二極化」、「勝ち組・負け組」という言葉がすぐに想起されるであろう。もう一つは、ワーキング・プアやそれに端を発する貧困問題を社会全体の構造に由来する問題としてではなく、ある特定の人びとの個人的問題として理解しようとする自己責任論である。社会の分断については次章で扱うとして、ここではこの自己責任論について考えてみよう。

平成の社会では、ワーキング・プアの問題や貧困に関する問題が社会問題として提起されるたびに、唱えられたのが自己責任論であった。あなたが貧困状態にあるのは、あなたの選択の結果であり、その状態やそれに伴う苦境の責任はあなた自身にある。だから――この論理展開が重要なのだが――、他人に頼らず、ましてや政府に頼らず、自分の力で何とかしなさい、できなければ責任を取って耐え忍びなさい、というわけだ。なぜ、「だから」という順接に続く一文が重要かといえば、そこにこそ自己責任論の本質があるからである。

自己責任論は、ある人の行為とその結果およびそれに伴う責任の所在を可能な限り客観的に見定めることを目的とする議論ではない。たとえば、ある人が貧困状態にあるとして、その状態を生み出した原因をその人がしてきた選択や意思のみに求めることは、誰が考えても不可能である。そうするには世界は余りに複雑すぎるからだ。だから自己責任論が認識論的に正しいか正しくないかなど問うても意味がない。自己責任論が一つの命題として意味や価値を持ちうるのは、「だから」以降の一文を導くからである。すなわち、他人に迷惑をかけるな、政府に援助を求めるな、政府に支援させることで財政を悪化させるな、これをいいたいがために自己責任論はある。それは、貧困問題のように、社会の構造が原因となって発生するがゆえに、事実上、集合的にしか解決できない社会問題に対する社会や政府の責任の放棄を正当化し、免責させようとする言説なのだ。

とすれば、自己責任論は「どうあるべきか」を述べる道徳的な命題であり、一つの価値観というべきものだ。すなわち、人びとは相互的な関係の下で、持ちつ持たれつ生きているのだから、困ったときはお互い様だという価値観に対して、自己責任論とは、世界は孤立した個体の集まりであり、他人はナルシスティックな欲望を実現するための手段にすぎないといった価値観。いうまでもなく、これがネオリベラリズムの統治を支える道徳であり価値観である。さらにいえば、自己責任論は社会のネオリベ化を推し進めるためのキャッチフレーズなのである。

そう考えれば、自己責任論が平成の社会、すなわちネオリベ化した社会であれほど喧伝されたのか、納得がいく。しかし、納得するだけでは、自己責任論の何が問題かをつかみ損ねてしまう。

では、自己責任論の問題点は何か。それは、社会問題を個人の問題にすり替えてしまうことで、現在の社会の仕組みが生み出す集合的な問題でもあることを隠ぺいしてしまう点にある。確かに、貧困の原因は個人の性格や態度、能力にもあるだろう。しかし、それだけで人は貧困に陥るわけではない。平成の時代のワーキング・プアの原因は、非正規雇用の増大にあるのであり、労働の不安定化によるセイフティネットの機能不全にあるのであり、さらに貧困状態にある人びとを捕捉しきれない公的扶助制度にある。そしてこの隠ぺいがなぜ問題かといえば、ワーキング・プアの問題に取り組む際、その効果的で適切な解決を困難にしてしまうからである。ワーキング・プア問題、それに密接に関わる女性や子どもの貧困問題を真剣に解決しようとするならまず、これほどまでに増大した非正規労働者の賃金を上げたり、非正規雇用を安定させたり、セイフティネットの機能を拡充したりする政策に取り組む必要がある。自己責任論はワーキング・プア問題を個々人の問題とすることで、集合的に解決しようとする取り組みを妨げてしまうのである。

そして、このことからわかることは、平成の民主主義がその役割を十分に果たせなかったということでもある。なぜなら、民主主義とは、「対等な自由」という規範の下で社会問題を集合的に解決するための仕組みだからである。たとえば、選挙はその仕組みの一つに他ならない。貧困問題にせよ、教育問題にせよ、少子化問題にせよ、それらは、個人の独力では如何ともしがたい、社会の構造や制度に根差した問題だ。私たちの社会が民主的な社会だといえるのは、そうした社会問題を民主主義の規範や手続きに従って集合的に解決する社会である限りでだ。その意味で、自己責任論は、ネオリベラリズムの統治のキャッチフレーズであっただけでなく、平成の時代の民主主義の障害でもあったのである。

平成は自己責任論が跋扈《ばっこ》した時代であった。政府が中心となって解決されるべき社会問題を告発しようとする声が上がれば、すぐさま自己責任という殺し文句が返ってきた。これは、まさにこの時代の社会がネオリベ化した証左であったのだ。こうした社会が好きか嫌いかは、個人の好みなのかもしれない。しかし、平成は、この自己責任論の蔓延によって、本来政治や社会が取り組むべき問題の解決が曖昧な形で片づけられたり、放置されたり、あるいは先送りされたりする時代であった、ということは確実にいえる。貧困問題しかり、教育問題しかり、少子化問題しかりである。これが望ましいことであったかといえば、そうだと断定できる人は少ないだろう。

さて、この章では平成という時代をネオリベラリズムから振り返ってみた。実は、ネオリベ化した社会の問題は、これで語りつくせたわけではない。たとえば、ネオリベ化がもたらした社会の分断は、昭和の時代と比較して、平成を特徴づける点であるから、どうしても触れざるを得ない。そこで次章では、引き続き、社会のネオリベ化に深く関連する社会の分断の問題を取り上げる。

参考文献

井手英策『経済の時代の終焉』（岩波書店、二〇一五年）
井手英策「経済―「土建国家」型利益分配メカニズムの形成、定着、そして解体」小熊英二編著『平成史　増補新版』（河出ブックス、二〇一四年）
橋本健二『「格差」の戦後史』（河出ブックス、二〇〇九年）
湯浅誠『反貧困』（岩波新書、二〇〇八年）
服部茂幸『新自由主義の帰結』（岩波新書、二〇一三年）
岩田正美『現代の貧困』（ちくま新書、二〇〇七年）
阿部彩『子どもの貧困』（岩波新書、二〇〇八年）
宇沢弘文『ケインズ『一般理論』を読む』（岩波現代文庫、二〇〇八年）
デヴィッド・ハーヴェイ『新自由主義』（渡辺治監訳、作品社、二〇〇七年）
ミシェル・フーコー『安全・領土・人口』（高桑和巳訳、筑摩書房、二〇〇七年）
ヴォルフガング・シュトレーク『時間かせぎの資本主義』（鈴木直訳、みすず書房、二〇一六年）
ジグムント・バウマン『リキッド・モダニティ』（森田典正訳、大月書店、二〇〇一年）
Nikolas Rose, *Powers of Freedom:Reframing Political Thought*, Cambridge University Press, 1999.

第三章

格差社会の「希望は戦争」

平成と格差社会

平成の日本社会はネオリベラリズムの受容をとおして、人びとの労働が不安定となり、生活の安全が奪われ、働いても貧困に苦しむ人が増えた社会、そして貧困に喘ぐ人びとが自己責任だと公然と罵倒される社会になっただけではない。日本社会は、複雑に分断されることになった。平成において生じたこの分断が私たちの社会をどう変えてしまったのか。この問いを検討するために、高度経済成長期以降の昭和を代表する「一億総中流社会」という言葉と特にゼロ年代以降の平成の時代を表象する「格差社会」という言葉に焦点を当てる。

格差社会という言葉が頻繁にメディアを賑わすようになるのは、ゼロ年代の半ば辺りだといわれる。二〇〇六（平成一八）年には、新語・流行語大賞のトップテンに選出され、今では平成を振り返る際に必須の言葉になっている。しかし、なぜ、この格差社会、とりわけ格差という言葉は私たちの社会にこれほどまでに定着したのだろうか。

しばしば指摘されることだが、格差という言葉そのものに由来する理由がある。それは、格差が、端的に「違い」あるいは「差異」を意味しているため、誰にとっても使いやすいというものだ。さらに、「相違」を基本的に意味しているため、貧困といった言葉とは異なり、この言葉そのものとしては良い／悪いといった価値判断を伴わない。だから、格差が良いものかそうでないものかは、その言葉を使う人の自由になりやすい。このため、格差は必要なものだとか、格差があっても問題なしと思っている人であろうが、格差をなくしたいと思っている人であろうが、どちらにしても使い勝手が良かったのである。

実際、ネオリベ政策を推進する政治家や「ヒルズ族」として時代の寵児となったビジネスでの成功者たちはこの言葉をポジティブな意味で使うことがしばしばあった。格差こそ、経済発展や社会の活力の源というように。あるいは、そこまで肯定的ではないものの、日本社会のネオリベ化を推し進めた小泉首相は二〇〇六年の参議院予算委員会で「格差が出ることとは悪いこととは思っていない」という発言をしたことはよく知られている。とはいえ、やはりゼロ年代の世情からして、格差は否定的な意味を強く帯びて用いられることが多かったといえるだろう。

大規模な公共投資と減税を中心にしたバブル崩壊後の不況対策は、一九九七（平成九）年から一九九八（平成一〇）年辺りで一段落しつつあった。ちょうどこの時期に日本の経済構造は急激な転換を迎えたといわれる。格差が話題となったゼロ年代半ばは、その転換に起因する影響が社会のさまざまなところで出現し始めた頃だ。長引く景気の停滞を受けて、一九九〇年代までにはネオリベ化への政策転換を明確化した政府および経済界は、積極的に日本の経済構造の改革を進めていた。たとえば、派遣業務拡大などの労働規制緩和や終身雇用・年功序列といった伝統的な日本的経営の改革、銀行をはじめとする金融機関や金融制度の規制緩和、企業のキャッシュフロー経営への転換だ。こうした改革の成果についてさまざまな評価があるだろう。しかし、確実にいえることは、雇用環境の変化は、とりわけ都市部の大企業に勤める大卒ホワイトカラー以外の多くの人びとの生活に負の影響を次第に及ぼし始めたということである。すなわち、労働の不安定化が生じ、生活の安全が徐々に蝕まれるようになった。その中でも特に若年層の雇用環境が急速に悪化した。一九九八年には新規求人倍率が〇・九に落ち込むなど、就職氷河期が続いた結果――二〇〇五（平成一七）年にはいったん収束する——、フリーターといった非正規労働者になる若者が大量に発生することになった。

希望格差と社会の二極化＝分断

こうした事態を受けて、日本社会が抱える格差の深刻さをリスク社会学の知見を用いて説明したのが、二〇〇四（平成一六）年に出版された『希望格差社会』である。この議論のポイントは、現代社会の格差は所得などの経済的格差という量的次元にとどまらないという点にあった。経済的格差はライフスタイルやステイタスにおける格差という質的次元に繋がり、さらに、将来の希望における格差という心理的次元に波及する。この本の「はしがき」はフリーターをしている若年労働者のインタビュー調査の紹介から始まる。「五年後の生活の見通しも立たないのに五〇年後の生活の心配ができますか」という若年労働者の言葉は当時の若者たちが置かれていた苦境を想像させてくれる。この本の著者である社会学者の山田昌弘は、こうした実例から、一見、皆が豊かそうな日本社会で、人生のリスクのヘッジを自力で何とかしなければならなくなった若者たちを中心に、将来に対して希望を持てる層と将来に絶望している層に二極化しつつあること、日本社会が勝ち組と負け組に分断された社会になっていることを指摘した。そして、絶望しやる気を失くした個々人からなる社会は、停滞し、堕落し、「社会秩序」が保てなくなると予想した。ここに現代社会における格差の本質的な問題があるというのだ。

ところで、この希望の消滅がいつごろから始まったかという問題に対して、山田は一九九八（平成一〇）年だと断定している。先に触れたとおり、これはまさに日本の経済構造が大きく転換しつつあった時期だ。山田によれば、一九九八年は実質GDP成長率がマイナスとなり、自殺者が三万を超え、その年に就職できなかった新卒者が翌年にフリーターとなり、その数が急増した。また、離婚、できちゃった婚、児童虐待、不登校の増加傾向に拍車がかかるのも、一九九八年だとされる。この時期を境に日本は希望格差社会に突入していったとするなら、希望格差の根本原因である、経済的格差そのものはいつから始まったのだろうか。この時期を明らかにしてみると、格差社会＝分断された社会の到来が、平成の時代に与えたインパクトが見えてくる。

裏を返せば、それは高度経済成長期を経た日本社会の紐帯《ちゆうたい》を構成していた「一億総中流社会」という言葉の消失という経験から来るインパクトだ。

経済的格差の始まり

日本社会において経済的格差が社会の観察者の目に留まり始めるのは、一九八〇年代からである。格差が出現するにはちょっと早すぎるのではないか、何かの間違いでは、と思った人もいるだろう。それもそのはずだ。七〇年代の石油危機を乗り越えた日本経済は八〇年代に入っても安定した経済成長を続けていたし、プラザ合意後一九八六（昭和六二）年からのバブル景気では日経平均株価が史上最高値の三万八一五七円四四銭をつけるなど、景気が良いだけではなく、社会全体が万能感に満たされたいわば多幸症的状態にあったのではないか。

しかし、すでに一九八五（昭和六〇）年に小沢雅子は『新・階層消費の時代』で日本社会に出現しつつある格差を論じている。たとえば、サラリーマンの所得を産業別、企業規模別、男女別、職種別などによって検討することで、七〇年代後半の経済成長率の低下に伴い、その格差は小さいとはいえ、少しずつ拡大しつつあることを指摘している。事実、近年の研究でも日本社会における格差――労働者間の格差や労働者と資本家との間の格差など――全般は、一九六〇年代から縮小に向かい、その傾向は七〇年代半ばまで続いたこと、その後、賃金における企業規模間格差などで格差拡大を表す指標が現れ始めた七〇年代終わりから八〇年にかけて経済的格差拡大の時代の幕が開けたことがわかっている。ところで、一時期、この格差拡大を人口構成の高齢化と関連させて「見せかけ」とする議論があった。しかし、前出の橋本健二の指摘によれば、たとえ高齢化が原因であっても、女性高齢者の貧困化など現実に格差は拡大しており、「見せかけ」ではありえない。また、格差拡大を人口学的要因で説明できるのは、九〇年代の限られた時期だということだ。

こうした経済的格差が八〇年代の日本社会の中で広く認知されたかといえば、そうではなさそうだ。これについては、前掲の小沢の本が一九八九(平成元)年に文庫化された際、「あとがき」として掲載された上野千鶴子の指摘が非常に興味深い。上野によれば、一般に、格差・差異の形成の問題、すなわち、格差化・差別化の問題は、垂直型差別化（階層分化型差別化）と水平型差別化（ヨコナラビ差別化）の二つの視点から議論することができるが、八〇年代当時のマーケティングの専門家や社会学者たちの多くが、後者のヨコナラビの差別化について議論していたという。いかにもポストモダン的といえばそうなのだが、そうした人びとは当時の日本社会を、他人と同じモノを消費したり、他人と同じライフスタイルを選択したりするのでは満足せず、どんなにわずかであろうが他人との差異に価値を置くような、皆が豊かで成熟した消費社会と考えていたわけだ。そんな中、小沢の論考はその風潮に対して異議を申し立てたことになる。上野によれば、当然、小沢の議論は多くの「憤激を買った」。つまり、八〇年代には彼女の格差説は拒絶されたということだ。上野自身、階層分化説を唱えていた小沢との交流をとおして、彼女の日本社会に対する当初の認識、すなわちヨコナラビ差別化を訂正し、階層分化型差別化を受け入れるようになったことを告白している。

この話の何がなぜ興味深いかといえば、平成の始まろうとしていたまさにそのとき、小沢の格差説を拒絶するものが何であったか、よくわかるからだ。上野によれば、それこそ、日本社会に広く行き渡った「中流意識」や、「一億総中流社会」という理解だったのだ。これらが、小沢が指摘した日本社会に生じつつあった格差の拡大という現実を否認させることになったのである。

だとすれば、おそらく、格差が深まり社会の二極化＝分断が確実に進んでいった平成は、人びとが徐々にこの「中流意識」という言葉を放棄し、「一億総中流社会」という日本社会の自己理解が崩れ去っていく過程だったといえるだろう。そして、この過程の中で、この消失を別の物語やシンボルで埋めようとするさまざまな試み――露骨な排外主義的ナショナリズムから「日本凄い＝日本人の俺凄い的」ナショナリズムまで――や、中流という言葉によって隠ぺいされ抑圧されてきた不満や怒りの爆発――生活保護受給者や障害者への自己責任を決まり文句にしたバッシング、在日外国人へのヘイトスピーチ――など、さまざまな反応が噴出したのであった。

「一億総中流社会」と社会の分断

そもそも中流意識とは何なのか。簡単にいえば、日本の社会には大きな格差が存在せず、ほとんどの人びとが中流階級＝ミドルクラスに属しているという意識であり、欧米などの先進国と異なり、日本社会は、極端な不平等が存在せずしかも豊かな社会だという自己理解である。

こうした中流意識が根付くのは、一九七〇年代だとされる。この時代には、当時の総務庁が毎年行っていた「国民生活に関する世論調査」の「お宅の生活の程度は、世間一般からみて、どうですか」という質問項目に対する回答――「上」、「中の上」、「中の中」、「中の下」、「下」という五つの選択肢から選ぶ――の九〇〇近くが「中」――「中の上」と「中の中」、「中の下」の合計――となった。一般に、この結果をもって、「一億総中流社会」としての日本という自己理解が定着したと見なされる。

さらに、一九七七（昭和五二）年には、朝日新聞の紙上で「新中間階層」、すなわち、中流をめぐって経済学者の村上泰亮や社会学者の富永健一らが論争を行ったことも有名な話である。まず、村上が「上層でも下層でもない中間的な地位に生活様式や意識の点で均質的な巨大な層が現れ、その層が周辺をさらにとりこんで拡大しつつある」として、この層を「新中間階層」と呼んだ。これに対して富永は、一九七五（昭和五〇）年の「社会階層と社会移動」全国調査データ（ＳＳＭ調査）にもとづいて、当時の日本社会には「均質な」中間層は存在せず、その代わりに、地位が非一貫的で、さまざまな尺度に従って随意に自分を中流と意識する「多様な中間」が存在するとした。この批判を受け入れた村上はその後『新中間大衆の時代』において、非構造的で流動的な中間層を「中産階級」――経済的次元および政治的次元、文化的次元で特定の条件・尺度を満たす階層――と区別して、「新中間大衆」――階層的条件や尺度がバラバラな人びとから構成される集団――と呼ぶことになる。自らを中流だと考える人びとをどう社会学的に理解するにせよ、こうした議論は、七〇年代以降、中流意識という言葉を広く普及させ、日本社会を「一億総中流社会」とする理解が自明化されていく上で大きな影響を及ぼすことになったのである。

右派から左派まで広く受け入れられ自明視されていった「一億総中流社会」という自己理解そして中流意識という言葉は、七〇年代以降の日本社会に何をもたらしたのだろうか。ここでは第一章で論じた福祉国家的統治という観点からこの問いについて考えてみたい。

端的にいえば、中流意識という言葉は七〇年代から八〇年代にかけて日本における福祉国家的統治の全盛を支え、その後のネオリベ化によって死に体となりつつあった福祉国家の延命に寄与した。

そもそも、福祉国家的統治は、社会に暮らす人びとが相互依存的関係の下で繋がっているものと想定される。そして、この繋がりを管理することで、人びとの生活の安全を保障し秩序を統治しようとする。だから、このように統治された秩序を構成すると想定される存在は、他人に無関係かつ無関心の孤立した個人ではない。福祉国家的な統治の秩序を構成するのは、個人でありながらも、各人がそれぞれの仕方で繋がりに包摂され、その繋がりによって生かされ、その繋がりを支える人びとだと見なされる。社会的連帯とも呼ばれるその繋がりによって等しく義務と権利を与えられるという意味で、そうした人びとは似た者同士、対等な仲間である。昔のフランスの政治家の言葉を使えば、福祉国家の下での社会は、「同類からなる社会」だといえる。たとえば、社会保険を基盤にした社会保障制度は、この同類たちの人生のリスクを集合的にヘッジすることで安全を生み出す具体的な制度であった。

しかし、たとえ同類からなる社会だといっても、現実に生きる人びとは、所得も異なれば、社会的地位も異なるし、文化資本も異なる。つまり、格差に満ち溢れているのだ。そうした事態において、中流意識という言葉が同類であるという共同幻想を生み出すのだ。すなわち、この言葉を受容することで「一億総中流社会」に暮らしているという意識が芽生え、それが格差を目立たなくしたり我慢できるものにしたりするだけでなく、異なる人びとの間に共同性を想像させ、見知らぬ者たちへの帰属感の拠りどころを提供することができる。ようするに、中流意識は高度経済成長期以降の日本社会の連帯感ないし一体感といったメンタリティを醸成する言葉として機能したのであり、その時代の「大きな物語」、たとえば、戦後の焼け野原から奇跡的な復興を遂げ、平和で豊かで平等な社会を作り上げた日本という戦後の民主主義の物語の主要なピースとなったのである。社会保障制度が「同類からなる社会」の肉体だとするなら、連帯感や一体感としての中流意識は、その精神だったのだ。

もちろん、中流意識という言葉はこれとは別の働きを持つことにもなった。先の上野の指摘からも窺えるように、一九八〇年代にすでに生じ始めていた格差や貧困に対する認識を歪めることになったのだ。また、中流という社会の多数派からは漏れ出てしまう、さまざまな少数派の存在や異議申し立てに耳を傾け真剣に対応する努力を妨げることになった。ようするに、中流という意識は、現状の維持に固執する生活保守主義となり、当時生じていた社会の変化——ネオリベ化やグローバル化など——とそれが引き起こす社会問題への鈍感さや無関心さを助長し、必要な改革を押しつぶしたり遅らせたりする壁としても機能したのであった。そして、まさにその機能ゆえに、中流意識は、八〇年代から九〇年代にわたって日本社会を覆った、楽天的な万能感と多幸症的雰囲気を醸し出す背景であったと考えられるのである。

急速な経済的環境の変化の中でも「一億総中流社会」という理解が生き残る一方で、バブル崩壊後、不況から抜け出せなかった日本社会では、この自己理解を否定し放棄しようとする動きも出てくる。当時、長引く不況の原因を高度経済成長期以来の日本の経済・社会システム——日本型福祉国家的統治と呼んでもよい——、そしてそこから生まれた中流意識に見出し、それらの変革を求める議論が活発化する。こうした議論では、特に、橋本内閣の「行革」から小泉内閣の「聖域なき構造改革」へと続く構造改革路線が支持され、その下で日本社会のネオリベ化を積極的に求める世論が徐々に形成されていく。これはいわば、中流意識という言葉が、日本の社会において意識的に否定され放棄されていく過程でもあった。

いずれにせよ、労働の不安定化とそれによる生活の安全の崩壊の惨状がもはや隠し切れなくなる、ゼロ年代の半ば以降には、格差そして格差社会という言葉が普及する。その普及とともに、中流意識という言葉が持つその魔術的な力が徐々に喪失されていった。中流意識という言葉、そして「一億総中流社会」という自己理解がこれまで述べたようなものである以上、その喪失をとおして少なくとも次の二つのことが生じざるを得なかった。

まず、日本社会に蔓延した多幸症的雰囲気が消え去っていった。次に、「同類からなる社会」を情緒的側面から支えた、見知らぬ人びとの間の連帯感や一体感が消失していった。この後に残されたもの、それは、負け組となった者の絶望感と憎しみが蔓延し、分断された平成の日本社会の赤裸々な姿だった。

絶望から憎しみ、そして戦争へ

「一億総中流社会」と「格差社会」という二つの言葉から平成を眺めてみるとこの時代の引き裂かれた姿が浮かんでくる。少なくとも一九九〇年代まで支配的であった、「一億総中流社会」という言葉が多幸症的雰囲気と、空虚であったとしてもないよりはましの一体感を生み出したとすれば、「格差社会」という言葉は、ゼロ年代以降の分断された社会の絶望や憎しみを可視化する。

ここで一つ補足をしておこう。それは、勝ち組と負け組、持つ者と持たざる者を分かつ分断線がある世代間で決定的な形で引かれたということだ。すなわち、バブル崩壊前に職を得た世代とポストバブル世代との間においてだ。前者は、少なくとも都市の企業に就職すれば、年功序列と終身雇用という日本的雇用慣行の恩恵を受け、生活の安全を得ることのできた世代だ。後者は、バブル崩壊によって痛手を受けた企業が過剰な雇用による人件費の増大を避けるべく新卒採用が抑制された、いわゆる就職氷河期に社会に投げ出された世代、フリーターなどの非正規労働者を多く輩出した世代である。しばしばロスジェネと呼ばれるように、まさに、その多くが不安定な雇用しか得られず、生活の安全を奪われ、いわゆる人並みの生活――家族を作り、貯金をし、マイホームを持つことのできる生活――を送る余裕も将来の希望もない、「失われた世代」だ。

前述したとおり、経済的格差はすでに八〇年代に感知可能になっていたのだが、この格差を急速に拡大させたのが、九〇年代からゼロ年代にかけての日本社会のネオリベ化である。これによって、労働の不安定化と生活の安全の破壊が後戻りできないほど進んだ。とはいえ、繰り返しになるが、当時のすべての人びとがそうした状態に陥ったわけではないし、現在の貧困と将来への絶望に喘いでいたわけではない。だからこそ社会の分断が起きたわけだ。

もちろん、ゼロ年代の半ばにおいて、日本社会のネオリベ化は少なからず、あらゆる世代に影響を及ぼした。たとえば、リストラによって職を失った団塊世代のサラリーマンもいた。しかし、ポストバブル世代こそ、ネオリベ化によって、生活の安全と確実な未来をもっとも大規模かつ深刻な形で奪われた。だから、平成の日本社会における格差は、米国やヨーロッパのように人種や民族の違いにおいて現れたのではなく、何より世代間において現れた。すなわち、世代間格差である。

日本社会の分断は、何も世代間だけで起きているわけではない。地域間格差、単身女性世帯の貧困問題から見て取れる男女間の格差も分断の原因として無視できるものではないし、同じ世代間でも勝ち組と負け組は必ず存在する。つまり、平成の格差社会はきわめて複雑に分断されている。その複雑さゆえ、同じ境遇の人びとでさえまとまることがいっそう難しい。そうした社会において、負け組と揶揄《やゆ》され自己責任だと突き放されるまま、ただ独り絶望の淵に沈んだ人たちはどうなってしまうのか。こんな社会で彼ら彼女らは何を望むのか。

格差社会という言葉が新語・流行語に選び出されたそのすぐ後、ロスジェネ三一歳フリーターの赤木智弘は自分の置かれた境遇に絶望し、不平等が許容され、恵まれた者たちが自分たちのような弱者に手を差し延べることなく見捨てる社会に憤り、せめて一人前の人間としての尊厳ある生活を送らせよと訴える。彼がある雑誌に書いた「『丸山眞男』をひっぱたきたい」という論文の中で、彼は、ヤケクソでも何でもなく、きわめて論理的に、このまま格差が固定化され是正されることがないなら、最後の手段として戦争を望むといった。なぜ、戦争か。勝ち組は勝ち組、負け組は負け組として固定化され、いったん非正規労働者になり貧困に陥れば、もはや抜け出せない社会において、戦争だけが社会の流動性を高め、固定化された勝ち組と負け組の関係がひっくり返るかもしれないし、みんな平等に苦しんですべてをリセットすれば、負け組から脱出する機会が与えられるかもしれないからだ。彼は冷静に、戦争の悲惨さを認めた上で、こう指摘する。「その悲惨さは、『持つ者が何かを失う』から悲惨なのであって、『何も持っていない』私からすれば、戦争は悲惨でも何でもなく、むしろチャンスとなる」と。

赤木の言葉は格差によって分断された社会がどのようなものかを教えてくれる。彼によれば、尊厳ある生活を奪われた者の絶望が憎しみを生み出す社会であり、恵まれた者の冷笑と無関心が敵対心を育み、暴力が最後の救いとなる社会である。それは、民主的な社会の理想からは遠く隔たった社会でもある。なぜなら、民主的な社会とは、異なる人びとの間での分断ではなく結びつきを、暴力ではなく対話を基盤にする社会だからである。残念ながら、平成とはこういう時代でもあったのだ。

平成の格差社会に対するこういった告発など被害妄想であり、余りに偏りすぎていて取るに足らないという人もいるだろう。しかし、告発が実際に行われ、それを支持する多くの若者たちがいたことを否定することはできない。何より、負け組と揶揄される暮らしを強いられた少なからぬ人たちにとって、平成の社会がそんな社会でしかなかったことを想像することは難しいことではない。このような想像さえすることができない人が存在するとすれば、その存在は平成という時代が私たちの社会をどれほど分断してしまったのかを物語る証左そのものに他ならないだろう。

参考文献

赤木智弘「「丸山眞男」をひっぱたきたい」『論座　二〇〇七年一月号』（朝日新聞社、二〇〇七年）
山田昌弘『希望格差社会』（ちくま文庫、二〇〇七年）
岸本重陳『「中流」の幻想』（講談社文庫、一九八五年）
渋谷望『ミドルクラスを問い直す』（NHK出版生活人新書、二〇一〇年）
佐藤俊樹『不平等社会日本―さよなら総中流』（中公新書、二〇〇〇年）
小沢雅子『新・階層消費の時代――所得格差の拡大とその影響』（朝日文庫、一九八九年）
村上泰亮『新中間大衆の時代』（中央公論社、一九八四年）
橘木俊詔『日本の経済格差』（岩波新書、一九九八年）
玄田有史『仕事のなかの曖昧な不安』（中公文庫、二〇〇五年）
「中央公論」編集部編『論争・中流崩壊』（中公新書ラクレ、二〇〇一年）
ロベール・カステル『社会喪失の時代』（北垣徹訳、明石書店、二〇一五年）
バーバラ・エーレンライク『「中流」という階級』（中江桂子訳、晶文社、一九九五年）

第四章　ポスト冷戦と強化される対米依存

冷戦の終結と平成の始まり

平成にせよ、昭和にせよ、日本における元号は、天皇一代につき一つと改められた明治以降、一人の天皇の在位の期間を表すものにすぎない。だから、元号の変化は、世界史的あるいは日本史的出来事とは、当然、いかなる関係もない。しかし、平成はその始まりを、偶然であるとはいえ、世界史の新たな始まりと共にしている。もちろん、その新たな始まりとは、冷戦の終結である。平成元年、すなわち、一九八九年は、東西冷戦を象徴するベルリンの壁が崩れ去り、マルタ会談において米ソ両首脳による冷戦の終結が宣言された年であった。したがって、平成の幕開けは、ポスト冷戦の新たな世界秩序の始まりであったわけだ。

では、ポスト冷戦という世界史的観点から見た場合、平成はどんな姿をしているのだろうか。

ポスト冷戦の時代には、第二次世界大戦以降の米・ソ二大大国間での覇権争いが終焉し、国際社会における新たなパワーバランスが模索された。それと同時に、国家間の新たな秩序形成も開始されたのであるから、そこでの主要な問題は、不安定化した国際関係の中で、各主権国家がどう立ち位置を定め、その安全を確保するのかという安全保障問題であった。可能な限り単純化していえば、戦争の予防と平和の維持に関する問題である。

いうまでもなく、昭和の歴史は、もっとも熾烈な総力戦であった第二次世界大戦なしに語ることはできない。一九四五（昭和二〇）年の前であろうが後であろうが、それに変わりはない。これに対して平成は、確かに、平和な時代であった。なぜなら、一般的な意味で戦争がなかったからだ。その上、平成の終わりになると、昭和の戦争体験者の多くが亡くなり、戦争に関する記憶までも社会から徐々に消え去ってしまった。こうして、平成において戦争は、戦争体験のない世代の多くにとって、きわめて抽象的な出来事、せいぜい文字や映像、あるいはゲームなどをとおして体験する想像上の出来事となった。そもそも、明治から大正、そして昭和はなべて戦争の時代であり、日本の近代化＝工業化は他の国家の例にもれず、戦争をとおして成し遂げられた。そう考えると、戦争の記憶さえ社会から消え去りつつあった平成が、近代の日本の歴史においてどれほど特異な時代なのかがよくわかるだろう。

とはいえ、平成の日本は他国と直接戦火を交えることはなかったものの、世界から武力衝突がなくなったわけではない。むしろ地域紛争の数はパワーバランスが崩れた冷戦後にピークを迎えることになる。さらに、ソ連の崩壊によって唯一の覇権国となった米国は、新たな国際秩序を統治する世界の警察として、積極的に世界中の地域紛争に関与するようになる。

この流れの中で、平成の最初期の一九九一（平成三）年には、米ソの対立によって国連安全保障理事会が機能不全に陥っていた冷戦期には想像すらできなかったタイプの戦争が起きることになった。すなわち、湾岸戦争である。米国は、クウェートに侵攻したイラクに対して、国連安全保障理事会の制裁決議にもとづき三〇以上の国からなる多国籍軍を組織し、攻撃を行った。

その後、二一世紀に入ると世界秩序は新たな局面を迎える。その契機となったのは、二〇〇一（平成一三）年九月の米国同時多発テロだ。これを受けて、米国は「対テロ戦争」に乗り出す。二〇〇一年のアフガニスタン紛争や二〇〇三（平成一五）年のイラク戦争だ。米国が主導したこれらの戦争は、グローバルにテロリズムを実行する、アルカーイダといったイスラム過激派組織を標的として、その殲滅のために行われた。「対テロ戦争」が一九世紀以来の近代の古典的戦争、すなわち、主権国家間の戦争と大きく異なるものであることはよく指摘されてきた。この戦争の特徴は、国家対国際テロ組織という戦争当事者間の非対称性にある。ここから、「対テロ戦争」では、正規の戦争が行おうとしてきた区別、具体的には、戦闘員と非戦闘員との、戦闘状態と非戦闘状態との、そして戦闘地域と非戦闘地域との、明確な区別がもはや不可能となり、またそうした区別をする努力は実質的に無意味になった。こうした区別不可能性ないし区別の無意味化もあって、「対テロ戦争」は二一世紀の「世界的内戦」とか、戦争状態＝例外状態の日常化とか呼ばれる、新たなタイプの戦争として論じられるようになる。

それはともかく、こうした米国の世界秩序の再編と二一世紀の新たな戦争に、平成の日本も巻き込まれていく。本章では、この経緯を簡単に見た後で、それがポスト平成にいかなる禍根ないし課題を残すことになったのかを考察する。

日米問題という「呪縛」と沖縄基地問題

まず沖縄米軍基地問題の話から始めよう。なぜなら、ポスト冷戦の日本の外交・安全保障問題の不都合な実情がそこから見えてくるからだ。

太平洋戦争では民間人を巻き込んだ悲惨な陸上戦が行われ、敗戦後は米国の統治下でベトナム戦争における補給・戦略基地となったのが沖縄だ。一九七二（昭和四七）年の返還後も、沖縄は冷戦期の米国の世界戦略において重要な軍事拠点となってきた。

冷戦終結後の世界では、在外米軍基地は撤退や縮小の傾向にあるが、その例外が在日米軍であり、その中心となるのが沖縄基地である。現在、沖縄には日本に駐留する米兵の七割に当たる約二万五千人が配置されている。また、一九九五（平成七）年の三人の米兵による少女暴行事件や二〇〇四（平成一六）年の在日米軍のヘリコプター墜落事件をはじめ、米軍による事件や事故が後を絶たない。沖縄に何らかの利害があろうがなかろうが、虚心坦懐に沖縄の歴史を振り返ることができる人なら、沖縄が日本全土の防衛のための犠牲にされてきたこと、そして今もそうであることは否定できまい。その不公正な現状に対して、沖縄は繰り返し異議申し立てを行ってきた。事件や事故が起きるたびになされる異議申し立ては平成に入っても、絶えることはない。しかし、沖縄の基地の現状そして日米地位協定の問題に対していっこうに国民的議論が起こらず、解決の糸口さえ見出せずにいる。せいぜい、沖縄から異議申し立てが起これば、政府は補助金を増やして沖縄の世論を宥めるという、返還以来の対症療法が平成に入っても続けられる程度であり、今後ますます厳しくなる国家財政に鑑みれば、これがいつまで続けられるかわからない、こんな状況である。

しかし、なぜ、沖縄の問題は放置され続けるのか。沖縄以外で暮らす人間たちは利己的で、公正という正義感を持たないから、同胞にこれほど冷酷だというのだろうか。おそらくそうではないだろう。むしろ考えられるのは、外交や安全保障をめぐって日本社会が未だに冷戦の亡霊に囚われたまま、国際問題とは対米問題だという定式の下で思考停止状態に陥り、果ては無関心になっている、ということではないか。だからこそ、沖縄基地問題は冷戦期のまま放置されているわけだ。

第二次世界大戦の敗戦の後、日本は、米国による占領統治を経て、一九五一（昭和二六）年のサンフランシスコ講和条約および日米安全保障条約の締結によって、当時の冷戦下における西側陣営の一員として国際社会に復帰した。それ以後、日本政府にとって、通商から、外交および安全保障などに関わる主要な国際問題のほとんどが、結局のところ、米国問題、日本と米国との関係の問題へと収斂《しゅうれん》することになる。日本の最大の貿易相手国が長らく米国であったことや、建前では憲法によって再軍備を禁じられた日本の安全保障が、実質的には米国の核の傘に依存してきたことに鑑みれば、日本にとって国際問題とはすなわち対米問題であったというのはある意味、当然のことだといえる。日本が主権国家として存続するために不可欠な経済と軍事に関して、ほぼ米国に依存していたからである。

《国際問題すなわち日米問題》というこの定式は、それゆえ、戦後の日本国内の保守陣営であろうが革新陣営であろうが、大勢においては基本的に受け入れられてきた。前者の陣営は、国際関係における「現実主義」を掲げ、米国との同盟強化こそ日本の主権の維持とプレゼンスの強化の絶対条件だとする立場であり、後者の陣営は、戦後憲法、特に第九条に体現された「平和主義」の理念の実現に向けて、米国の属国状態からの自立こそが真の平和国家として不可欠な道だとする立場である。保守・革新双方の立場の間には、近づくか離れるかの違いはあるにせよ、その基点が米国であったことは誰の目にも明らかであった。

この定式は少なくとも一九八九（平成元）年頃までは、きわめて堅固なように思われた。いわばそれは、「呪縛」でさえあった。その理由は明白だ。第二次世界大戦後の米国の世界戦略、その下で構築された冷戦構造こそがこの定式を生み出したからだ。だとするなら、冷戦の終結とともに始まった平成は、《国際問題すなわち日米問題》という定式の再検討が可能となる時代のはずだった。別のいい方をすれば、平成は、貿易問題にせよ、外交・防衛問題にせよ、対米関係の軛《くびき》から比較的自由に、国際問題への新たなアプローチを模索したり、米軍基地問題から日米安保まで安全保障のあり方を長期的視点から包括的に再構想したりする好機と考えられたわけだ。

これは何も、日本だけの問題ではなかった。たとえば、日本と同様に冷戦期には西側陣営に属していた西ヨーロッパ諸国間では、地域統合が急速に進んだ。冷戦の象徴であった東西ドイツの統一を経て、一九九三（平成五）年には、マーストリヒト条約の下、欧州連合（EU）が誕生する。この条約によって、EUに共通外交・安全保障政策が導入されることになった。また、東南アジアでも、冷戦終結とともに、変化は着実に起きた。フィリピンからの全米軍基地の撤退や、ベトナムの加盟をとおして本格的な地域連合体となった、東南アジア諸国連合（ＡＳＥＡＮ）などの例が挙げられるであろう。これらは冷戦期の西側のボス、米国への依存の再検討・再調整から生まれたポスト冷戦を象徴する流れであった。

一方、東アジアに位置する日本は結果的に、これらの潮流から取り残され、主体的にポスト冷戦の情勢にコミットする機会を逸した。それはなぜだろうか。先に触れた定式が「呪縛」として骨の髄まで染みわたってしまっていたことはもとよりある。米国と一心同体であればあるほど、国際社会における日本のプレゼンスは高まると考えた政治家や外務・防衛官僚がいたことは確かだろう。しかし、これに加え考慮しなければならないことがある。それは、東アジアでは冷戦的情勢が一九八九年以後も断絶することなく維持されたという特殊な事情だ。実際、一九九〇年代以降も朝鮮半島は冷戦時代のまま南北に分断され続けた。その上、深刻化する北朝鮮の核開発問題や東アジアを超えて覇権の獲得の野望を見せる中国の台頭は、日本の安全が差し迫った危機的状態にあるという印象を多くの人びとに与えた。特に、自民党政府はこの印象を最大限利用して、対米政策を強化してきた。それは、米国からの要求に応えることによって、米国への依存度を高めた安全保障政策を展開していくためであった。こうして平成の日本は外交・安全保障問題に関して、政府のみならず国民においても、冷戦期の思考や戦略から抜け出すことがますます困難になった。当然、沖縄の基地問題は――民主党鳩山内閣のお粗末といわざるを得ない取り組みもあるにはあったが――、放置されることになった。

湾岸戦争から集団的自衛権の解禁へ

日本は結局、冷戦期以来の米国の「呪縛」から解放されることはなかった。この呪縛から逃れようとする素振りさえ米国は許そうとせず、自国の利益のために最大限、日本を利用しようとした。また日本も自ら進んでその呪縛を受け入れていったのが平成であった。その解き難さは、平成の安全保障政策の変遷に如実に表れている。その流れを簡単に押さえておこう。

もちろん、冷戦終結を受けて、新たな外交・安全保障のあり方を模索する動きが日本側になかったわけではない。たとえば、小沢一郎の「国際社会における日本の役割に関する特別調査会」答申（一九九二年）がある。当時の自民党幹事長も務めた小沢はこの答申において、「普通の国家」になるべく国連の集団安全保障への自衛隊の参加を主張した。また、すぐ後に取り上げる、「日本の安全保障と防衛力のあり方――21世紀へ向けての展望――」、いわゆる「樋口レポート」もある。しかし、米国は自国の国益の実現のために、「樋口レポート」に見られるような日本の独自の動きを警戒し、ポスト冷戦下の覇権国としての米国の世界戦略に従うよう要求を強めてきた。そうした中、冷戦期に長期政権を担ってきた自民党および外交・防衛を専門とする官僚たちを中心にして、日米同盟の不断の強化と国連の枠組みを活用した対米支援的な国際平和協力が進められた。これが平成の安全保障政策の形成過程の基調だといえる。

日本がポスト冷戦の現実に否応なく向き合わされたのが、一九九〇（平成二）年の湾岸戦争である。人的貢献を求めるブッシュ大統領からの圧力を受け、自民党の海部内閣は、同年一〇月の臨時国会に自衛隊の海外派遣を狙った「国連平和協力法案」を国会に提出する。しかし、この法案は、野党および世論の根強い反対を受けて廃案に追い込まれた。自衛隊の派遣を断念した海部内閣は米国の求めに応じて、総額一三〇億ドルの資金提供を行うことになった。ただ、増税までして巨額の負担をしたにもかかわらず、米国やクウェートから評価を得られなかったことは、外務省を中心に「敗北」として経験され、その後の外交・安全保障政策に大きな影響を及ぼしたことはしばしば指摘されるところだ。

この挫折を受け、自民党政権および外務・防衛当局にとって、自衛隊の海外派遣が当面の悲願となる。それは、PKO協力法（国際連合平和維持活動等に対する協力に関する法律）という形で結実する。一九九一（平成三）年、海部内閣によって提出されたこの法案は、二度にわたる修正の結果、宮澤内閣の下で成立した。この法律によって、自衛隊は、国連平和維持活動（PKO）や国連の決議等を受けて行われる国際救援活動に対し、「参加五原則」という制約はあるものの、参加が可能となった。ようするに、本格的な自衛隊の海外派遣が可能となったわけだ。実際、この法律の施行後すぐに、カンボジアなどでのPKOに自衛隊は派遣され、その後も、着実かつなし崩し的に――たとえば、二〇一二（平成二四）年からの南スーダンＰＫＯにおける自衛隊日報問題を見れば、そういわざるを得ない――、自衛隊は海外でのＰＫＯに従事することになった。

ところで、親米勢力のひとまずの悲願が達成されて間もない一九九三（平成五）年、自民党の下野によって誕生した細川政権の下で、防衛問題懇談会が設置され、一九九四（平成六）年にはその報告書である「日本の安全保障と防衛力のあり方――21世紀へ向けての展望――」、いわゆる「樋口レポート」が公表される。この懇談会ではポスト冷戦の到来を受け、冷戦期の対米依存型の安全保障とは異なる選択肢として「多国間安全保障」も議論の俎上に載せられた。これに懸念を持った米国の国防総省は、その懇談会の議論に介入することになる。その結果、「樋口レポート」は当初の案から変更され、米国の懸念に配慮するものとなった。

このような米国からの圧力に加え、先に触れた朝鮮半島情勢および中国の動きは、日米安全保障条約にもとづく日米同盟のいっそうの強化という流れを促した。たとえば、一九九七（平成九）年に日米で合意された「日米防衛協力のための指針」（日米新ガイドライン）にもとづいて、一九九九（平成一一）年、小渕内閣の下で「周辺事態法」が制定される。日米安保における「周辺事態」の定義は元来、「極東」という地理的な概念であった。しかし、この法律によって、その定義が、新ガイドラインに規定された「地理的なものではなく、事態の性質に着目したもの」へと変更された。この変更は、指摘するまでもなく、在日米軍および自衛隊の日米安保にもとづく協働範囲を飛躍的に拡大させることになった。

二一世紀に入ると、日米同盟は新たな展開を迎える。ブッシュ政権による対テロ戦争において、一連の日米同盟の強化は、実際の作戦として遂行される。いち早く米国の対テロ戦争を支持した小泉内閣の下での「テロ特措法」（二〇〇一年）およびイラク戦争後の復興支援のための「イラク特措法」（二〇〇三年）がそれに当たる。

平成も終わりに差し掛かった二〇一五（平成二七）年、世論の反対を押し切った安倍首相は「安全保障関連法」を成立させた。冷戦終結以降も一貫して米国への依存を強め続けた日本の外交・安全保障政策の変遷は、この法律によって一つのピークを迎えることになる。この法律は、自衛隊法や、すでに言及したＰＫＯ法、周辺事態法などの計一〇の関連法を改正することで、戦後のいかなる内閣においても容認されてこなかった自衛隊による集団的自衛権の行使を解禁したのだ。しかも憲法を改正することなく、である。

近代化された日本において、もっとも平和に見えた平成の時代。そんな時代に自衛隊はこれまでにない自由を手に入れ、ポスト冷戦時代の覇権を維持しようとする米国の世界戦略にさらに応えるための体制を整えたことになる。

ポスト平成の日米関係をどう考えるか

こうして平成の外交・安全保障政策は、いわば「一途に」対米依存の強化という路線を突き進むことになった。もちろん、「一途」といっても、それは結果的にそうだということであり、その過程においては、一連の政策決定における政治家や官僚たちの苦渋の決断や逡巡があったに違いない。ただ、やはり指摘しておくべきは、特に小泉内閣以降、急速に進んだ、日米同盟の強化は日本側が自ら率先して行ったということだ。おそらく、その裏には、米国の覇権を維持するべく、在留米軍基地を自由にしかも安く利用したり、自衛隊を海外に派遣させたりすることで、可能な限り人的および金銭的コストを日本に肩代わりさせようとする米国の世界戦略があったに違いない。ときに恫喝ともとれるような米国からの要望に直面して、それに応えることで日本の価値を示さなければならないという焦り、さもなければ、日米同盟の重要性が低下し、米国に見捨てられるのではないかという不安も当局側にあったのだろう。さまざまなメディアによって煽り立てられたこうした不安や焦りは、終わらない極東の冷戦状態と相まって、日本社会にも着実に浸透していった。これらの心理的要因は、政府当局の「一途」な対米依存と、たとえ消極的であってもそれを支持してきた世論に少なからず影響したように見える。

もちろん、ポスト平成の外交・安全保障政策においても、日米同盟が基調となることは間違いない。経済・軍事における日米の依存関係や、極東の地政学的状況に劇的な変化がない限り、しばらく続くであろう。とするなら、ポスト平成における問題は、平成の米国との関係における「一途さ」あるいは「盲目さ」をどうするのか、いい換えるなら、同盟国として米国との適切な距離とはどのようなものなのか再検討する、ということになるはずだ。この問いを検討するには、同時に、東アジアから東南アジアの諸国家をはじめ、日本の国益に直接関わる国々とどのような戦略の下で外交を行うのか、東アジアの安全保障をめぐる地域的枠組みをどう構築していくのか、あるいは、国連をどう活用し、どう改革していくのか、といった問題が積極的に構想され、広く公の議論の対象となる必要が出てくる。しかし、ここでは、そうした問題に触れることはせず、ポスト平成の日米同盟を検討する際のより基本的な視座を提起しておきたい。

安全保障と民主主義との厄介な関係

平成の日米同盟の強化は、日本の安全のためなのだから、少々の無理をしてでも、米国のいうことには従わざるを得ない。これは、冷戦終結以降の一貫した対米依存強化の過程で、つねに聞かされてきた殺し文句である。そして、その文句は平成の終わりに、立憲主義に違反すると繰り返し法学者たちから指摘されてきた、憲法改正なしでの集団的自衛権行使の容認まで可能にした。これがほんとうに「少々の無理」かどうか、そもそも議論の余地があるところだが、それはともかく、安全こそが、日米同盟強化を正当化する最終的な理由であったことは確かであろう。だとするなら、安全保障関連法の制定過程においては、結局のところ、「安全か立憲主義（民主主義）か」という問いが、国民に投げかけられたということになる。つまり、立憲主義という民主的な社会の大原則を捨て去ってまで集団的自衛権を行使しなければならないほど、日本は朝鮮半島の冷戦的状況や中国の台頭によって安全の損なわれた危機的状況であるのか、それとも日本の安全は既存の安全保障政策と外交政策で維持できるし、またそう努力すべきなのか、という問いであった。安全か民主主義かというこの問い。集団的自衛権の行使の解禁という、ポスト冷戦期の対米依存強化の歴史の終着点において露わとなったのが、この問いであった。そして、ここにこそ、これからやって来るポスト平成の時代における外交・安全保障問題を考える上での視座の一つがあるのではないか。

周知のとおり、安倍政権は、この問いに対してかなり強引に答えを出した。そしてその答えは、平成の民主主義に大きな禍根を残すものであった。しかし、この問答は、もうお終いというわけにはいかない。それは、ポスト平成の日本社会においても繰り返されることは間違いない。

そもそも、民主主義とは、理に適った理由にもとづいた交渉や説得、議論によって合意に達しようとする政治のあり方だ。そして、民主的な社会とは、そのような政治をとおして、そこで暮らす人びとに対等な自由が保障される社会だ。そのような民主主義あるいは民主的な社会が、ある程度の安全なしには存在し得ないことは明らかだ。戦争状態のような生命や財産を脅かす客観的な危機が迫っているときに、理由の交換をとおして合意を目指そうなどと、悠長なことはいっていられないだろう。そうした危機の状況では、対等な自由は大いに制約されざるを得ない。論理的に考えても、また、歴史の経験にもとづいて考えても、安全なしの民主主義などまずありえない。安全とそれを可能にする平和こそ民主主義の条件とさえいえる。

しかし、安全の飽くなき追求は、民主的な社会の基礎を揺るがす可能性もある。特に、客観的な危機が起きないよう予防しようとする場合だ。防犯カメラの例を思い浮かべればよい。確かに、それは犯罪の捜査に役立つし、犯罪の抑止にも繋がるとされる。しかし、だからといって、安全のために防犯カメラをあらゆる場所に設置しまくれば、当然、プライバシーの権利を侵害する可能性が出てくる。このように、客観的で具体的な危機が存在しない状況で、換言すれば、危険の可能性があるという理由だけで、ひたすら治安や国防を強化する場合、身体の自由のみならず、通信の秘密などのプライバシー権や表現の自由のような、民主的な社会の対等な自由を抑圧する可能性が出てくる。ようするに、民主的な社会は過度な安全やそれを過剰に確保しようとする治安や国防とパラドキシカルな関係にある。安全が少なすぎても民主的な社会は成り立たないし、安全ばかり求めすぎてもそれは成り立たないというパラドクスだ。

このパラドクスが生じる一因は、安全の追求という行為そのものにある。そもそも、安全な状態かどうかはかなり主観的な感じ方に左右される。生きていること自体が安全を損なう行為だと感じる人もいれば、首都直下型地震が必ず起こるといわれているのに、東京で耐震性の怪しい住居で暮らしていても安全だと感じる人もいる。だから、何が安全か皆の納得する形で決めるのは難しいし、不安の扇動にもなびきやすい。さらに、安全の追求は必ず予防的な措置を伴うことになるが、安全の主観的性格と相まって、この予防にはそれで十分だという限界がない。こうして、安全の追求が過剰になり、その結果、民主的な社会の対等な自由を破壊してしまう場合が出てくるのである。

ところで、こうしたパラドクスが人びとの眼前に露わになるのは、国内あるいは国家間の秩序が不安定化し、不確実性が高まる環境においてである。そのような国家間の環境こそ、冷戦の終結とともに始まった平成の時代の国際関係であった。そして、この不確実性の高い環境はポスト平成の時代においても継続されるであろう。たとえ、朝鮮半島での冷戦が終結したとしても、覇権への野望をチラつかせる中国やロシア、不安定化するEU、自国の利益を最優先する覇権国の米国など、不確実性を高める要因には事欠かない。そうだとすれば、安全のためにどこまで日米同盟を強化するのか、民主的な社会の基盤を毀損してまで、安全を確保する措置をとる必要があるのか、という問いは今後もなくなりはしないはずだ。

少々大げさないい方かもしれないが、国内の治安の維持であれ、国防であれ、安全の確保をしようとする政府の行為に対して国民は監視を怠ってはならない。なぜなら、そこにはつねに、民主的な政治や民主的な社会を破壊するリスクがあるからだ。不安を煽り立てられた状況において、安全の追求には際限がない。それは本来守るべきものさえ破壊しかねない。だからこそ、不安の原因、そして危険の可能性をできる限り冷静に分析することが必要になってくるし、国際環境の不確実性をさまざまな手を使って、できる限り飼いならす努力が求められるようになる。

平成の時代は、ネオリベ化によって人びとの生活の安全が奪われ、社会が分断された結果、日本社会の民主的な基盤が瓦解していった。その一方で、不確実な国際情勢の中、予防的な視点からの国防上の安全の過度な追求が、立憲主義という民主的社会の防御壁を破壊することになった。ここでも、安全をめぐりパラドキシカルな事態が日本の民主主義に生じたといえるだろう。しかし、安全に関する対処法の基本は、双方において変わりはしない。確固たるものが解体した現代において、その基本は危険の回避と不確実性の縮減を可能な限り多様な手段によって追求することにある。もはや、労働だけに依拠するような生活の安全保障は現実的ではない。

では、ポスト平成の国家の安全保障はどうなのか。対米依存の強化一辺倒という戦略以外に、安全を確保し、不確実性を飼いならすための多角的なアプローチをどう構想し、実践していくのか。これもまた、ポスト平成の時代に先送りされた課題だといえそうだ。

参考文献

佐々木芳隆『海を渡る自衛隊』（岩波新書、一九九二年）

豊下楢彦『集団的自衛権とは何か』（岩波新書、二〇〇七年）

半田滋『「戦地」派遣』（岩波新書、二〇〇九年）

佐藤学・屋良朝博編『沖縄の基地の間違ったうわさ』（岩波ブックレット、二〇一七年）

小熊英二「国境環境とナショナリズム――「フォーマット化」と疑似冷戦体制」小熊英二編著『平成史増補新版』（河出ブックス、二〇一四年）

田中明彦『新しい中世――相互依存の世界システム』（講談社学術文庫、二〇一七年）

藤原帰一『新編　平和のリアリズム』（岩波現代文庫、二〇一〇年）

防衛問題懇談会「日本の安全保障と防衛力のあり方――21世紀へ向けての展望――」〇「樋口レポート」（データベース「世界と日本」http://worldjpn.grips.ac.jp/documents/texts/JPSC/19940812.O1J.html, 参照二〇一八年四月二九日）

カール・シュミット『パルチザンの理論』（新田邦夫訳、ちくま学芸文庫、一九九五年）

カール・シュミット『政治神学』（田中浩・原田武雄訳、未來社、一九七一年）

ジョルジョ・アガンベン『例外状態』（上村忠男・中村勝己訳、未來社、二〇〇七年）

エドワード・H・カー『危機の二十年』（原彬久訳、岩波文庫、二〇一一年）

第五章　五五年体制の終焉と挫折した政治改革

「歴史の終焉」と冷戦の終結

世界に視野を広げるなら、平成が始まった一九八九年は歴史を画期する出来事が起きた。冷戦の終結だ。冷戦の終結はまさに世界史的事件であった。それゆえに、この事件がいったい何を意味するのか、冷戦後の世界とはどのようになるのか、といった問いが、政治学的、経済学的、あるいは哲学的な関心から盛んに論じられた。

そうした論争の中で、当時の衆目をもっとも集めたのが、フランシス・フクヤマの「歴史の終焉」論である。それによれば、冷戦の終結は、西洋の自由民主主義の勝利を意味し、この勝利をもって歴史は終焉を迎えるという。フクヤマ自身の言葉を用いるなら、「私たちが目撃しているのは、たんなる冷戦の終焉ではなく……、人類のイデオロギー上の進化の終着点であり」、そこでは「西洋自由民主主義が人間の統治の最終形態として普遍的なものとなる」。つまり、近代の歴史は、絶対主義や自由民主主義、ファシズムやボルシェビズム、アップデートされたマルクス主義といった、さまざまなイデオロギー闘争とそれにもとづく政治体制の変遷の歴史だった。しかし、その闘争は冷戦の終結によって自由民主主義の勝利として最終決着がついた。したがって、ポスト冷戦の世界は、イデオロギー闘争としての歴史が終焉した世界であり、そこでは自由民主主義が遍《あまね》く人びとを支配する、ということだ。

フクヤマのきわめて観念的な「歴史の終焉」論には多くの批判が寄せられた。また、事実、その後の歴史を振り返るなら、欧米の自由民主主義はその外側からだけでなく内側からの攻撃にもさらされることになった。前者に関していえば、その典型はイスラム世界からの攻撃であり、後者に関していえば、猛威をふるうポピュリズムだった。確かに、ポスト冷戦の時代は、東側陣営の拠点となっていた東欧を中心に民主化が進んだものの、自由民主主義はその敵を殲滅《せんめつ》したわけではなかった。そればかりか、最近ではむしろ内部から蝕まれ、機能不全に陥りつつある。これがフクヤマの議論が登場して、三〇年以上経過した現在における欧米の自由民主主義への比較的公平な診断ではないだろうか。

もちろん、ここでフクヤマの「歴史の終焉」論を批判したいわけではない。そうではなくて、平成は、マルクス・レーニン主義に対して世界史的勝利を収めたという自由民主主義を信奉する者たちの高らかな宣言とともに幕を開けたことをまずは思い起こしたかったのだ。自由民主主義こそ、世界の唯一の統治原理、ゆくゆくは世界を遍く支配するイデオロギーだという宣言。

自由主義的な民主主義、すなわち、一九世紀の終わりから二〇世紀にかけて労働者が参政権を獲得することで確立されていった欧米の代表制民主主義——その発展は、身体および精神の自由から社会権へと至る自由の拡張の歴史でもある——が、一九八九年以降、どのような運命を辿ったのかについては今述べたとおりだ。

では、平成日本の代表制民主主義はどうであったのか。それは世界史における同時代の民主主義とよく似た成り行きを経過することになった。すなわち、戦後五五年体制の崩壊と選挙による本格的な政権交代によって日本の民主主義は深まりを見せたように思われたその裏で、否応なく行き詰まりの状態へ向かっていったのだ。そこで、この章では、平成に行われた代表制度改革に着目する。政権交代を容易にし、より民主的な政治を目指したはずの改革が、なぜ民主的社会を破壊しかねない政府の暴走を許してしまったのか。その理由について考える。

戦後五五年体制と自民党の一党優位体制

平成における日本の民主主義の最大の出来事は、自民党の下野による戦後五五年体制の崩壊であった。五五年体制とは、一般に、第二次世界大戦後の日本の政治を象徴する言葉としてしばしば用いられる。それは、保守政党である自由民主党と革新政党である日本社会党という二大政党が政権の座を求めて競争的関係にあった戦後の代表制民主主義を意味する。

左派・右派に分裂していた社会党が再統一されたのを受け、それに対抗するべく民主党・自由党という保守政党が合同して自由民主党が結党されたのが一九五五（昭和三〇）年であった。このことが五五年体制という名称の由来となった。以後、保守政党である自民党が一度も下野することなく安定した政権運営を行い、利益よりもイデオロギーに固執しがちな社会党が万年野党として批判的に対峙するという構図が日本の代表制度の基本として定着することになった。ここから、この五五年体制の下での昭和の民主政治の実像は、自民党が実質的に支配した一党優位政党制に他ならないとしばしばいわれる。そして、この自民党の安定した統治の下で、日本型工業化社会、日米同盟を基盤にした安全保障、家族および企業に大きく依存した社会保障制度といった日本社会のインフラが形成され運営されていった。

平成に入ると、高度経済成長期以降の社会を支えてきたさまざまな制度の機能不全が徐々に顕著になっていく。しかし、これまで論じてきたように、仕事と家族、教育の間に生み出された昭和の好循環が行き詰まり停滞しただけではなかった。戦後の民主主義を支えた政治制度もその例外ではない。五五年体制の綻びは政治腐敗によって目に見えて明らかとなり、民主政治の障害となりつつあった。実際、そうした事態を象徴するスキャンダラスな贈収賄事件、すなわち、一九八八（昭和六三）年に発覚したリクルート事件の追及とともに平成は幕を開けたのだ。

もちろん、五五年体制は安定した自民党の統治を可能にした。自民党は、議院内閣制の下で議会（衆議院）の多数派を形成し、行政府の長である内閣総理大臣のポストを独占し続けることで、戦後の復興期からおおよそ一貫した形で日本社会の統治を行った。社会経済的に見るならば、他国と比べ規模の小さな政府が、一方で公共投資により富を創出すると同時に雇用と所得の機会を間接的に保障し、他方で減税によりその富を「現物給付」よりも「現金給付」を中心にして人びとに再分配するというのが自民党の統治のデフォルトだ。これに支えられ、日本の経済は急速な発展を遂げ、世界第二位の経済大国となった。一九七〇年代に二度の世界不況の影響を受けたものの、自民党政権は膨大な借金をしてまで公共投資を積極的に行い、経済成長とその富の分配を続けてきた。その弊害については他の章で触れたとおりだ。

政権与党の座にあり続けた自民党は、統治のためのより適切な政策策定とより効果的な実施のために、さまざまな仕組みを作り出していった。それらの仕組みは、五五年体制を理解する上で欠かせないものだ。

政官財の鉄のトライアングル

たとえば、政策立案のために、自民党の政権は各省庁の官僚たちと密接な関係を形成した。関係省庁の官僚が作成した内閣提出の法案は、省庁間の調整や族議員へ事前の相談をはかった上で、与党自民党に持ち込まれ、その趣旨説明と質疑応答が行われ、自民党内の党内手続きを経て決定される。いわゆる内閣提出法案の与党自民党による事前審査だ。自民党議員と官僚の癒着はこの政策決定過程から不可避的に生じる。こういった関係は、五五年体制下の内閣が、「官僚内閣制」とも呼ばれた点にも見ることができる。たとえば、農林水産大臣は農林水産省の代表というように、国務大臣が各省庁の代理人として理解され、そのように機能したことがしばしばあった。また、この密接な関係は、ある特定の政策分野に対して関係省庁に強い影響力を持つ族議員と呼ばれる自民党政治家を生み出すことになった。政治と官僚との堅固な関係が形成される一方で、各省庁はそれぞれが持つ関連団体や管轄業界をとおして、族議員は企業・業界団体などの利益集団をとおして双方ともに社会に深く根差すコネクションを作り上げた。それによって、政策策定に必要な情報や政策実施に必要な支援を入手することができた。ようするに、自民党の長期にわたる安定した統治は、精巧に構築された、政官財の鉄のトライアングルをとおして機能したのである。

自民党の派閥政治

それ以外にも、五五年体制を代表制民主主義の観点から見た場合、きわめて特徴的な仕組みがある。派閥――恩顧主義によって結びついた有力なボスとメンバーからなる自民党内部の国会議員集団であり、「三角大福中」と呼ばれた五大派閥が有名――だ。

一九八〇年代半ばに最盛期を迎える自民党の派閥政治には、さまざまな機能があった。その主要なものは、内閣総理大臣の座が約束された自民党総裁候補の擁立とその支援、国政選挙での候補者の擁立とその支援、政治資金の調達とその分配、内閣および党内でのポストの分配、若手政治家の教育などである。また、リベラルな集団から右派集団まで派閥の多様性は自民党に幅広い人材を確保することで、より多くの有権者の支持の獲得を可能にしたといえる。

しかし、昭和の安定した統治を可能にした、五五年体制を民主主義のあり方として見るなら、派閥政治のもう一つの機能を無視することはできない。それは、疑似‐政権交代という機能だ。

五五年体制は、建前では、保守政党である自民党と革新政党である社会党という二大政党が競争的な選挙を行い、必要があれば政権交代によって民意を政治に反映させることが可能であり、またそれが望ましいとする典型的な自由民主主義体制である。

とはいえ、実際は、本格的な政権交代が一度も実現しなかった。その一方で、自民党内で「党中党」とよばれた諸派閥の間での熾烈な競争による総裁の交代と、それに伴う内閣総理大臣および内閣の交代が起きた。この事態は有権者には本来の政権交代ではないものの、それに類する出来事として経験された。疑似‐政権交代は、長期化する自民党の統治への不満のガス抜き的な作用をもたらしたと考えられる。つまり、選挙による政権交代という代表制度の本来の機能の不全を派閥政治が埋め合わせたという点で、それは、五五年体制という自民党の安定した統治の維持に決定的な役割を果たしてきた。

ところで、先に触れたリクルート事件は国民の目を自民党の金権体質に向けさせ、その元凶として派閥政治が厳しく批判される契機となった。派閥政治こそ五五年体制という自民党一党優位体制の負の遺産というわけである。こうして、リクルート事件を受けての平成の政治改革は、自民党の派閥政治の解体と疑似‐政政権交代から真の政権交代を現実に可能とするような制度の導入を目指すものとなったのである。

平成の政治改革と五五年体制の崩壊

リクルート事件では、リクルートコスモス社の未公開株を賄賂として譲渡された多くの政治家や官僚が逮捕された。その結果、当時の最大派閥である経世会を率いた竹下登を首相とする内閣は退陣に追い込まれる。続く一九九二（平成四）年には経世会の会長であり副総裁でもあった金丸信が、五億円の闇献金を受けたとして辞任に追い込まれた。東京佐川急便事件だ。自民党以外の政治家にも広がりを見せた一連の汚職事件をとおして有権者の政治不信はピークに達する。そして、この政治不信は、既成政党批判から五五年体制という戦後の代表制民主主義への批判に至り、この世論を後ろ盾に政治改革への機運は急速に高まることになった。

東京佐川急便事件を受けて、自民党の最大派閥であった経世会――いわゆる竹下派――は、小沢一郎らによる内紛が勃発し、分裂する。与党自民党のこうした御家事情に加え、当時の宮澤内閣は選挙制度改革などの政治改革を成し遂げられず、政権運営に行き詰まる。その結果、野党の提出した内閣不信任決議案は自民党内からの賛同者もあり可決される。即座に宮澤内閣は衆議院を解散し、一九九三（平成五）年七月に衆院選挙が実施されることになった。

第四〇回衆議院総選挙は、新党ブームの中で実施された。結果は、自民党は過半数には届かないものの解散議席を上回ったのに対して社会党は大惨敗を喫する。他方、新生党や新党さきがけといった新党は議席数を伸ばしたこともあり、非自民・非共産系の八党会派による連立政権が成立し、自民党はついに下野することになった。こうして三八年間続いた自民党の一党優位体制は終わり、五五年体制の幕が下りたのである。

以上の経緯で誕生した連立政権の最大の課題は、当然、政治改革となった。日本新党の細川護熙を首相とする内閣は、その後一九九四（平成六）年に成立する「政治改革四法」を上程し、小選挙区比例代表並立制の導入と政党交付金制度の新設を柱とした政治改革を目指した。この法案の最大の特徴は、戦後の日本の代表制度の根幹であった中選挙区制度を廃止し、二大政党制の下での政権交代が生じやすいとされる小選挙区制を導入した点にあった。中選挙区制から小選挙区制への移行という代表制度の根本的な改革によって、平成の民主主義のあり方も大きく変容する。その狙いは、なんといっても、自民党の派閥政治やそれを基盤にした自民党一党優位体制と不可分になっていた制度的条件を終わらせることにあった。そしてこの狙いは、平成を通じて着実に実現されていったのだ。

戦後の日本の代表制度を根本的に改革することを目指した平成の政治改革は、その後の橋本内閣における行政改革や、「自民党をぶっ壊す」といった小泉首相による自民党派閥政治の実質的解体を経由し、本格的な政権交代によって誕生した民主党政権へ、脱官僚と政治主導という形で引き継がれる。小選挙区制導入以後、主に目指されたのが、政党および議会に対する政府の強化であり、政治主導と呼ばれた「首相を中心にした内閣主導」の代表制度の実現であった。「決められる政治」といったフレーズはこのタイプの改革のエートスを表しているといってよいだろう。そして、民主党の試みが頓挫した後を受けて、再登場した第二次安倍政権では、安定した支持基盤の下でさらなる政治改革の推進が期待された。しかし実情は、内閣機能の強化や官邸主導といった平成の時代をとおして追求された政治改革の負の側面がむしろ如実に表れることになる。

平成の政治改革の帰結

ここで、代表制民主主義の観点から平成史を簡単にまとめてみよう。第二次世界大戦後の焼け野原から復興し、日本社会の工業化を政策面で支えたのが五五年体制下での自民党の統治であった。経済成長を第一の目標とし、その果実である富を社会に還元することを目指した自民党の統治は、ある意味、社会の工業化という物質的な豊かさを求めた時代の要請に応えるものでもあった。

しかし、高度経済成長を経て工業化社会として成熟する一九八〇年代から、すでに始まるポスト工業化への大転換の中で、自民党の統治の弊害が顕著となり、新たな社会に適合した制度の構築の機運が高まった。これ自体は、きわめて理に適った、必然的な流れであったように思われる。その際、制度設計に携わった専門家たちは、派閥政治という言葉によって象徴される、根回しと合意、談合と調整といったある種の合理性にもとづく自民党的統治を、二大政党の競争と選挙による政権交代の下で、首相―内閣機能の強化によるトップダウンでスピーディーな決定による統治に変更しようとした。そもそもこのような統治が、再帰性の高まったポスト工業化社会に相応《ふさわ》しいかどうかには議論の余地があるが、それはともかく、リクルート事件以降、小選挙区制の導入や、党執行部の権力強化に繋がった政治資金規正法の改正、幹部級官僚の人事権を掌握した内閣官房機能の強化などの改革は、この方向性で進められていく。

平成の終末期、これらの改革の成果を存分に利用した政権が登場した。二〇一二（平成二四）年から現在に至る第二次安倍政権だ。首相を中心とする内閣の権力強化を進めた結果の安倍政権の政治がどのようなものであったか――立憲主義の否定、衆院解散権の濫用、縁故主義的政治、公文書の隠ぺいや改竄《かいざん》など――を顧みるなら、当時の制度設計者たちの思惑通りにはいかなかった、あるいは、想定外の事態が生じたといわざるを得ない。平成の始まりと共に着手された政治改革が適切であったかどうかは別として、その当時、五五年体制の改革は日本の代表制民主主義にとって必要であったことは間違いない。しかし、なぜ、その帰結が民主主義そのものを破壊するリスクを孕むようになってしまったのか。

工業化社会という代表制民主主義の条件

平成における日本の代表制民主主義の成り行きは、これまで述べてきたように、特殊日本的な政治的あるいは社会的背景抜きではもちろん理解することはできない。しかしながら、代表制度の機能不全や人びとの民主主義への不満は、先進民主主義諸国に広く共通している現象だ。欧米のポピュリズムを見る限り、もはや民主主義は、複雑化する社会の問題を解決する合理的な制度というよりはむしろ、それ自体が主要な社会問題と見なされつつある。あるいは、第二次世界大戦においてドイツや日本の全体主義に打ち勝った民主主義は「解放＝開放の政治」という本来のプロジェクトを歪められ、「抑圧の政治」へと変容しつつある。そんな声さえ聞こえてきそうだ。

代表制民主主義の行き詰まりという現象が日本にも当てはまるものだとするなら、平成の代表制民主主義の成り行きを、政治家個人のキャラクターや日本の政治・社会的背景を超えたより広い文脈で検討する必要があるだろう。そもそも、代表制民主主義が機能する条件とは何であったのか。

一般に、代表制度と民主主義が結びつくのは、一八世紀以降の西洋社会においてだといわれる。しかし、この代表制民主主義がより現代的な形態に発展していくには、一九世紀の社会民主主義政党に始まる、かつての名望家の集団ではなく組織化され官僚化された政党の登場を待たねばならない。それ以来、代表制度を採用した民主主義は、いわゆる近代政党の下、拡大された選挙権と自由で公正な選挙を基盤にして実施されていく。

こうした代表制民主主義は一九世紀末から二〇世紀にかけて、二つの敵との闘争に打ち勝つことで生き残り、二〇世紀の半ば過ぎには、民主主義という価値の面でも、それを実現するための代表制という制度の面でも黄金期を迎える。その二つの敵とは、ファシズムであり、共産主義であった。その戦いは第二次世界大戦によって決せられた。そして冷戦下において、代表制民主主義は西側陣営の政治制度として成熟していくことになる。

では、代表制民主主義の黄金期とはどのようなものか。すでに論じた社会の工業化＝福祉国家化の視点から見てみよう。

戦後、欧米の社会は、福祉国家の下で工業化社会の道を突き進んだ。その社会の特徴は、安定した労働と、その労働を元手にした社会保障による生活の安全、さらにそこから生まれる将来の確実性にある。安定・安全・確実性、これらを労働者とその使用者との協力の下、社会の総力を挙げて実現することが工業化社会の社会契約であった。だとすると、そこでの最大の政治争点とは何か。

それは労働者と資本家が血みどろの戦いをする階級闘争、そして革命ではもはやない。なぜなら、社会保障制度を充実させた工業化社会では、安定・安全・確実性を約束するような社会契約を結ぶことで革命が封じ込まれることになったからだ。その結果、社会において生産される富をどう平和裏に分配するか、これが工業化された社会の最大の政治争点となった。この際、活用された政治装置が代表制民主主義に他ならない。

その仕組みはこうだ。まず、所有・経済活動の自由から表現の自由、勤労の権利などの基本的な自由ならびに参政権が保障され、マスメディアが発達し、労働組合や経営者団体などさまざまな組織が存在する。その上で、定期的に行われる公正な選挙の下、自由主義・保守政党と社会民主主義・革新政党が競争する。これらの政党は、社会を二分する資本家、経営者・ホワイトカラーと労働者という二つの陣営の利害関心をそれぞれ代表しており、それによって安定した有権者の支持基盤を持っている。このような政党政治の下での代表制民主主義において、経済的な利益の分配が剥き出しの暴力なしに行われた。翻っていえば、このような社会の存在こそ代表制度が黄金期を迎える条件であった。

とするなら、欧米の自由民主主義諸国において代表制度がもっともうまく機能していた黄金期は、おおよそ一九六〇年代ということになるだろう。もちろん、それぞれの国によって多少のズレはある。しかし、その黄金期の根幹に存在した社会契約は七〇年代の不況によってその実施が難しくなり、八〇年代以降、ネオリベラリズムの時代の到来によって完全に破棄される。いわゆる「戦後和解体制」が終わりを告げる中で、代表制民主主義はそれが機能する条件を消失し、結果として多くの障害を抱えるようになるのが、八〇年代以降だといえる。

この戦後和解体制の崩壊以外にも、代表制度の機能不全を生じさせる現象が工業化社会の最盛期からポスト工業化社会への転換の中で生じた。それは脱物質主義的価値観の広がりだ。これによって、経済的利益の分配と治安維持に収斂してきた政治争点は徐々に多様化していった。社会が複雑化するにつれていっそう多様化する人びとのニーズに対して、代表制民主主義の黄金期を支えた政党は次第に応答することが難しくなった。そして、既成政党そして議会への不満が噴出する一方で、直接民主主義の要求が高まることになる。すでに六〇年代の終わりには、この傾向は顕著になっていた。政治に対する有権者の要求の多様化とそれをまとめあげ焦点化することのできない政党や議会、有権者の要求と期待に応えようと過剰な負担を担い、破綻寸前の政府。これらの問題は七〇年代には政府の「統治能力の危機」としてしばしば政治学などで論じられることになった。それはともかく、この代表制の機能不全は、政治的無関心や無党派層の増大、投票率や政治知識の低下という形で目に見えてはっきりとすることになる。

日本の代表制民主主義の場合

では、こうした観点から見たとき、日本の代表制民主主義はどうだったただろうか。

すでに論じたように、日本のポスト工業化社会の到来は、欧米と比べて少々タイムラグがあったといわれている。日本は欧米に遅れて一九八〇年代に工業化社会として成熟に達し、急速にポスト工業化社会へと変容していく。しかし、すでに六〇年代の終わりには、他の欧米諸国と同様に、脱物質主義的な価値を標榜《ひょうぼう》する若者たちの新しい社会運動が活発化した。また、自民党と社会党はともに七〇年代に入っても支持率を低下させ続けていた。日本の場合、新しい社会運動が緑の党といった脱物質主義的価値を重視する新たな政党の設立には繋がらなかった。とはいえ、戦後五五年体制を担う既成の保守および革新政党への支持は低下し、無党派層も六〇年代末以降、着実に増大していった。

しかし、その一方で、自民党は七〇年代から元々の支持基盤であった地方だけでなく都市部の住民の利益も重視する包括政党への道を歩み始める。その結果、七〇年代後半には自民党の支持率が回復すると同時に無党派層の増大にも歯止めがかかり、八〇年代にかけて自民党の一党優位体制は盤石なものとなっていった。ようするに、戦後日本の代表制民主主義は、福祉国家的政策に支えられた社会の工業化の中で、いびつなあり方ではあったが、五五年体制という枠組みにおいて機能した。そして、八〇年代にはその黄金期を迎えることになったと考えられる。だからこそ、五五年体制下では、社会的紛争は、さまざまな問題を孕みながらも、政党間の競争や協働をとおして曲がりなりにも平和裏に解決され、経済成長とその果実の分配を最大の政治課題とした自民党の安定した統治が可能となったのである。

だとすれば、日本の代表制民主主義が機能する条件が喪失されたのはいつごろだろうか。それが平成の時代である。この時代に日本の社会の統治の様式は、ネオリベラリズムの統治へと転換されていく。それに伴い、格差は拡大し社会は分断された。これらについてはすでに論じたとおりだ。この事態の意味するところは、戦後の工業化社会における日本版社会契約の破棄に他ならない。さらに、平成は、一九八九年の冷戦の終結と共に始まった。冷戦の終結は一般に、その二年後のソ連という社会主義の総本山が消滅することで、代表制民主主義を支えた二つの政党、すなわち社会を分ける二つの陣営をそれぞれ代表した自由主義・保守政党と社会民主主義・革新政党の対立関係を解消してしまい、両者の違いを見えにくくした。日本でも、保守政党である自民党は、もはや反共産主義というイデオロギーを掲げることはできず、その保守政党たるゆえんを他のところに求めざるを得なくなった。自民党と同様に包括政党へと脱皮することを目指した社会党は、すでに一九八六（昭和六一）年には社会主義革命を放棄していたとはいえ、冷戦の終結は、党の存続に決定的な影響を及ぼすことになった。そして、一九九六（平成八）年には、社会党は社会民主党へと改称する。その後の党勢の急速な縮小は周知のとおりである。冷戦の終結、および工業化社会の終焉とネオリベラリズムの統治の開始。平成の時代に生じたこれらの事態によって、戦後の日本社会を支えてきた代表制民主主義が機能する条件は完全に失われたのである。

こうして、平成の初期には、戦後五五年体制は崩壊し、それを支えた政党政治も大きく変容する。社会党は消滅し、自民党も内部分裂もありかつての党勢は失われ、新党ブームが巻き起こる。それと同時に、すでに触れた平成の政治改革が世論の支持の下、日本の代表制民主主義の刷新を目指して進められたのであった。

平成の政治改革の何が問題だったのか

二〇世紀の代表制度の機能不全は、一般に、投票率の低下や無党派層の増大、政党の支持基盤の脆弱化といった現象として現れる。さらにこの機能不全は、既存の政党への不信や不満という形をとっても現れる。このため、政党の再編や新党の設立が盛んになったり、さらに、もはや政党とその政策ではなく、個人の政治家のキャラクターやカリスマ的言動によって有権者の投票行動が左右されたりするようになる。これらは平成の政治を振り返るとき必ず確認できる現象であろう。こうした代表制民主主義の行き詰まりは、もちろん、自民党の余りに長すぎた支配やイデオロギー闘争に明け暮れた社会党の不甲斐なさなど戦後五五年体制の帰結として説明できる。すなわち、特殊日本的理由から説明できる。

しかし、繰り返し強調しているように、このような行き詰まりは、日本ばかりでなく世界の民主主義諸国でも観察できる。ここから、二〇世紀型の代表制民主主義をそれらの国々で可能にした共通の条件が失われた結果であると考えられるべきだ。その条件を消失させた出来事こそ、福祉国家的政策に支えられた工業化社会の終焉であり、ネオリベラリズムの統治の開始であり、冷戦の終結――それと共に進んだ急速なグローバル化――であった。そして、これらの出来事と共に始まったのが平成という時代であったのだ。

代表制民主主義の行き詰まりへの反応はどうであったのだろうか。たとえば、欧州では、二〇世紀末から二一世紀初頭にかけて、社会民主党勢力がネオリベ的な「第三の道」を掲げ、ポスト冷戦後の革新政党の党勢の挽回を図ろうとする動きが顕著となった。二一世紀が進むにつれて、移民問題を背景に既成政党を批判するポピュリズム政党が次第にその勢力を有権者の間に広げ始めていた。また、この行き詰まりに対する各国の改革もさまざまであった。

平成の日本では、一連の政治改革をとおして、二〇世紀型の代表制度の抜本的な転換が推し進められた。小選挙区制の導入に始まるその改革の方向性は明確であった。その方向性とは首相を中心にした内閣の権力強化にあった。ようするに、日本では、昭和の時代の代表制民主主義の行き詰まりに対する解決策が、首相がトップダウンで決定し、内閣が迅速にそれを実施するという執行権力の強化へと矮小化されることになったのである。いい換えれば、政治における民主的正統性を高めるための改革、たとえば、有権者の有効な政治参加を選挙以外に拡大したり、政策決定過程に国民の意思がより反映される制度を構想したり、いっそうの情報公開などの行政の統制手段を拡大したりすることは、着手されることがあったとしても、あくまでも二の次の問題であった。

おそらくそこには、日本に固有な要因とポスト冷戦後の世界に共通する要因があるのだろう。前者に関しては、戦後五五年体制への批判が高まる中で、それによって歪められた日本の本来の代表制民主主義、すなわち、議院内閣制を正常に機能させようという機運が出てきた。五五年体制に見られたような与党の力を抑え込むためにも、首相および内閣の権力強化が必要と考えられたわけだ。世界に目を向けるなら、テロとの戦争以降の欧米では、国内での治安維持という理由で政府の権力強化が図られていった。また、不透明化する国際情勢において、例外状態に柔軟かつスピーディーに対応できるよう、政府に対する民主的統制を弱める傾向が生じていった。日本では、特に朝鮮半島情勢をめぐり、そうした傾向がはっきりと現れた。

これらの要因を背景とするなら、平成の政治改革が橋本内閣の行政改革を皮切りに、執行権力を担う政府の権力強化を目指すことになったのは、理解できる。ただ、たとえそうだとしても、執行権力が暴走するリスクを甘く見積もったことは否定しがたいように思われる。

近代の民主主義が産声を上げて以来、民主主義にとって最大の脅威の一つは、立法権力に代表される国民主権に対する執行権力の侵害の問題、わかりやすくいえば、政府が国民主権にもとづいた民主的統制を逃れ、暴走するリスクであった。社会の巨大化と複雑化と共に進んだ福祉国家＝行政国家化の中で、これまでにない膨大な職務を負うようになった政府の権力は必然的に拡大した。それでも、民主主義を掲げる社会は、代表制度を中心にしたさまざまな方法でこの権力の集中を防ぎ、民主主義を破壊しないよう統制する努力をしてきた。なぜなら、執行権力の自立化は、「人民の、人民による、人民のための統治」という民主主義の理想をもっとも確実かつ容易に破壊するものだからである。

平成の政治改革の担い手たちが、こうした民主社会の努力の歴史を軽視したわけでは決してないだろう。しかし、「政権交代」や「決められる政治」、「既得権益」というフレーズの下、世論も夢中となった官僚叩きや既成政党叩きに流されることもあったのかもしれない。いずれにせよ、権力を集中させた政府の、民主的統制から自立し暴走するリスクに対して十分な配慮がされていたかといえばそうではなかった。その証拠として、第二次安倍政権が、執行権力の統制を可能にしてきた規則や約束を次々と破っていく様を見ればよい。

近年、当時の改革者からは、「こんなはずでは……」といった言葉もちらほら聞かれるが、むなしく響くばかりだ。民主的統制に従う政府なら憲法改正をすべきところを、それが不可能と見るやいなや憲法解釈を強引に変えることで、集団的自衛権の行使を容認した安全保障関連法。この法律の成立により、安倍政権は執行権力の自立化を防ぐ立憲主義という自由民主主義の大原則を破ることになった。執行権力のチェックを可能にすると同時に、民主政治の遺産そのものである、公文書の改竄や隠ぺい、廃棄。これが許されたら、情報公開請求は無意味化し、説明責任は形骸化し、政府は何でもやりたい放題となる。また、首相の衆院解散権の濫用。議院内閣制をとる他の民主国家の現在のトレンドは、この解散権を抑制させることにあるようだ。もちろん、その意図の一つは、執行権力の民主的統制である。解散権を頻繁に行使した安倍首相は、自らの政権維持のためにこの権利を機会主義的に行使したとしばしば批判されることになった。さらに、森友・加計問題によって、人事権を握られた官僚による政府への忖度と、安倍首相の政治の私物化の疑惑が浮上する。本来、国民全体への奉仕者であるべき官僚が安倍政権の奉仕者へと変質したことがまざまざと国民の目にさらされることになった。

平成の終わりの国政を見る限り、その改革が始まった平成当初と同様に、あるいはそれ以上に、日本の代表制民主主義は危機的な状態にあるとさえいえる。その危機とは、平成の代表制民主主義改革から生じた、執行権力を行使する政府の暴走に他ならない。

平成という時代は、代表制民主主義という点においても、次の時代に対して多くの課題を先送りすることになった。ポスト平成時代の日本の政治にとっての急務は、内部から蝕まれ傷つけられた代表制民主主義の規則や約束事を再確認し、政府への権力の集中とその暴走を規制しうる制度を構築することであろう。すでに論じたように、平成の経済・社会問題の多くは、手つかずのままポスト平成の時代に先送りされることになった。人口減少によって急速に縮小していくこの社会の中で、仕事、家族、教育に関わる難問を解決するには、国民規模の熟議が不可欠であり、その下での幅広い合意が不可欠であることはいうまでもない。そこで必要なのは、暴走する政府ではない。ルールを無視して決める政府でもない。情報公開と真摯な国会審議によって信頼される政府であり、数の力ではなく理由の力で合意を得ようと努力する政府であり、有権者の多様な意思や利害関心を丁寧にすくい上げ政策決定過程に反映させる工夫をする政府が必要だ。だとすると、先送りされた経済・社会問題を解決するには、まず、その解決に不可欠な枠組みや手続きとしての民主的代表制度を修繕することから始めねばならない。ここにポスト平成の時代の真の難題があるように思われる。

参考文献

飯尾潤『日本の統治構造』（中公新書、二〇〇七年）

中北浩爾『現代日本の政党デモクラシー』（岩波新書、二〇一二年）

中北浩爾『自民党』（中公新書、二〇一七年）

岡田一郎『革新自治体』（中公新書、二〇一六年）

待鳥聡史『代議制民主主義』（中公新書、二〇一五年）

石川真澄・山口二郎『戦後政治史』（岩波新書、二〇一〇年）

森政稔『迷走する民主主義』（ちくま新書、二〇一六年）

森政稔『変貌する民主主義』（ちくま新書、二〇〇八年）

佐々木毅・21世紀臨調編著『平成デモクラシー』（講談社、二〇一三年）

安藤丈将『ニューレフト運動と市民社会』（世界思想社、二〇一三年）

クロフォード・B・マクファーソン『自由民主主義は生き残れるか』（田口富久治訳、岩波新書、一九七八年）

ミシェル・ウエルベック『服従』（大塚桃訳、河出書房新社、二〇一五年）

シーモア・M・リプセット、スタイン・ロッカン『政治社会学』（加藤秀治郎・岩渕美克編、一藝社、二〇〇七年）

B.Manin,*The Principles of Representative Government*,Cambridge University Press,1997.

F. Fukuyama, "The End of History?," in *The National Interest*, summer,1989.

第六章 「日常の政治」からポスト平成を切り開く

平成の民主主義

五五年体制の崩壊とそれに続く一連の政治改革は、平成の時代の政治シーンを語る上での欠かせない出来事だ。それによって戦後日本の民主主義、すなわち、選挙を中心にした代表制民主主義は大きく様変わりした。自民党の一党優位体制は終わり、首相を中心にした内閣の権力が強化された。そして、その下で作られた法律によって、私たちの生活も確実に変化している。たとえば、安全保障関連法によって集団的自衛権の行使が可能となったように。

しかし、たとえそうした公式の政治制度の変革が大事件であったとしても、政党や選挙などの変化を追うだけでは、平成における政治のすべてを見たことにはならない。そのためには、代表制度以外の、したがって議会の外での民主主義、いわば市井の人びとの政治活動について振り返ってみる必要がある。

平成の時代は、それ以前の時代と同様に、集会や勉強会、デモ、請願などの政治活動、すなわち「日常の政治」が盛んだった。日々の生活を舞台とする政治活動は、左派・革新陣営に特有の活動と思われるかもしれない。しかし、そうではない。右派あるいは保守陣営による議会外での政治活動に耳目が集まったのが平成の時代であった。たとえば、自虐史観という言葉を流行らせた「新しい歴史教科書をつくる会」、憲法改正の署名運動を行う日本会議系の右派団体「美しい日本の憲法をつくる国民の会」。これらをはじめとした保守・右派陣営による草の根的な政治活動に加えて、インターネットという現代のコミュニケーションツールを用いた活動は、無視することのできない影響力を平成の政治に及ぼすことになった。

こうした現象は、何も平成の日本だけで起きていることではない。冷戦の終結に伴う急速なグローバル化およびネオリベ化が、世界のさまざまな場所で暮らす人びとの生活の安全や安心を破壊していけばいくほど、自らの集団を物質的あるいは心理的に防御するべく、その地域に固有なナショナリズム、エスノセントリズム――自文化中心主義や自民族中心主義――が蔓延することになった。欧米といった民主主義の先進国においても、排他的で敵対的な自文化・自民族中心の言説がとめどもなく増殖している。現在の世界を席巻しているポピュリズムはこうした国家中心主義や自文化・自民族中心主義を養分とすることで成長し、その勢力をますます拡大しつつある。これらを見るにつけ、一方で自文化・自民族への不合理な執着、他方で、他者への不寛容とルサンチマンの異常な高揚が、今の世界の雰囲気となっていることは疑いようがない。

そんな中、平成の時代において活発化した日常の政治あるいは街頭での民主主義について、この章で振り返ってみようと思う。その目的は、平成の時代に深く傷つけられた私たちの民主的な社会をポスト平成の時代に再構築するための出発点を探し当てることにある。

不安な現在と得体のしれない未来

日常の政治は人びとの毎日の暮らしに根差している。だから、平成の時代における日常の政治を検討するには、日々の営みの舞台となった平成の社会がどうであったかをまず確認する必要がある。

大局的に見れば、平成の日本は、政治・経済・社会の領域において長く深い停滞状態にあった。そして、停滞状況を抜け出せないまま、平成は終わりを迎えようとしている。そんな私たちの社会の現在をこれまでの議論に沿って素描しよう。

不信と無関心が社会を覆うベールとなり、現在の不安定さと将来の不確実性の中で、人びとは夢を持つことままならず、小さく縮み上がり、先の見えない暗がりで今の持ち場から足を踏み外さないようにと必死になっている。互いに足を引っ張り合い、下へ、下へと落下していく社会、しかも、それを誰もがわかっていながら、見て見ぬふりをする社会だ。私たちの社会の現状をこう描いたとしても、誰が否定できるだろうか。

こんな社会に暮らしているのだから、人びとが自分を防御することで一杯一杯になってしまうのは致し方ない。少なからぬ人びとが、家庭や職場や学校での日常をポエム化することで現在の耐え難さをやり過ごそうとしたり、自分よりも恵まれない弱者を叩き蔑むことでボロボロになったプライドを維持したり、真実かフェイクかなどそっちのけで自分よりも大きなもの、たとえば、歴史や文化、国家と自己同一化することで、承認欲求を満たしたりする。各々が自己防衛に夢中になるあまり、人びとの間の分断は見過ごされ、敵意を煽り立てる集団化したナルシシズムが蔓延することになる。

平成の時代に社会の分断が深刻になり、敵対心が社会に広く行き渡るようになった背景はどのようなものか。それについて本書での議論をまとめるとこうなる。

財界と政府――もちろん、その背後にはアメリカが存在する――が中心となり導入されたネオリベラリズムによって労働が不安定化し、それまで労働によって支えられてきたセイフティネットが機能不全に陥り、生活の安全が少なからぬ人びとから奪われた。すでに一九八〇年代に日本では経済面での格差が現れ始め、平成の時代には、持つ者と持たざる者との格差が急速に拡大した。この状況は当時、格差社会と呼ばれた。そこでは特に世代間で分断線が引かれているということが日本社会の特徴として明るみに出た。現在の生活の安全のはく奪は、将来に対する確信を奪う。この結果、世代間で社会を分断させることになった生活の安全における格差は、将来の希望における格差として再生産される。このことが、九〇年代以後、格差社会の研究によって頻繁に強調された。むろん、社会の分断に危機感を募らせる人びとも少なくなかったが、ネオリベラリズムのイデオロギーである自己責任論に目くらましを食らった世論はそうした人びとの声を封殺し、格差是正の取り組みの障害ともなった。

また、ネオリベラリズムの統治によって格差が深刻化し社会が分断された平成では、工業化社会からポスト工業化社会への移行が、就労形態の変化などにおいて目に見える形で進行した時代でもあった。実はこれも、格差是正への取り組みがいっこうに進まず、また社会の分断が放置される要因の一つとなった。工業化の時代、すなわち昭和の時代に作られ、もはや時代遅れになりつつあった仕事・家族・学校からなる社会システムがその移行において機能不全に陥っていたにもかかわらず、その基本的なあり方は手つかずのまま維持された。このため、古くなったシステムが社会を変えようとする際、既得権益集団の岩盤として立ちはだかることになった。さらに、たとえば、昭和の社会システムの恩恵に与ることのできた親の援助で暮らすフリーターやニートの存在からわかるように、昭和のシステムは、平成の格差や分断を見えにくくする煙幕としても機能した。

では、格差の是正や社会的分断の緩和に向けて、本来司令塔となるべき政治はどうであったか。選挙や政党といった代表制度の大掛かりな改革もあって本格的な政権交代が起きた。そこで誕生した民主党政権に対して当時の有権者は大きな期待をかけたが、その多くが失望を感じることになった。さらに、首相のトップダウンによる「決められる政治」を目指した一連の政治改革は図らずも、日本の社会が積み上げてきた民主主義のルールや約束事を蔑ろにする政治の暴走を許すことになり、社会の混迷をいっそう深めている。結果として、分断された社会に生きる人びとの不信と不安が、不寛容と敵意を生み出し、さらにその不寛容と敵意がその分断を深め、不信と不安をいっそう募らせる。このような負のスパイラルが平成の終わりの私たちの社会のプロファイルとして提出できるだろう。

デモや草の根の活動の重要性

こうして見ると平成の日本は惨憺たるものだ。確かに、不信や不安、敵対など平成以前の社会からすでにあったし、今でも日本ばかりか世界中でありきたりの状態だということもできる。しかし、いつでも同じ、どこでも同じという理屈で冷笑的に現状を肯定しても、現在の社会全体を覆う生き辛さを誤魔化すことはできない。まして、ポスト平成の時代にこの社会を受け継ぐ若い世代に対して、そのように肯定する人がいたとするなら、無責任の誹《そし》りを免れないだろう。

もちろん、平成の時代も他の時代と同様に、このような態度で現状を冷笑的に受け入れる人たちばかりではなかった。むしろ、その現状に介入し、少しでも変えていこうとする動きがそれまでにない形で活発化したのが平成でもあった。

そもそも、民主的な社会を民主的に変えるには、選挙によって選ばれた代表者たちの立法に任せるのが正攻法だ。しかし、それだけが社会を変える方法ではない。デモなどの街頭での異議申し立てや、日々の生活の中での草の根的な政治活動は、正攻法に比べれば時間もかかるし、効果もはっきりしない。

しかし、制度として民主主義を見た場合、それらの地道な活動には、きわめて重要な役割がある。それは、ある問題への関心を身近な仲間から徐々に広げていき、さらにメディアを使ってその問題の情報を一気に拡散し、社会問題として認知させることで、議会および政府、裁判所などの公式の政治制度に対して、問題解決を図るよう促すことができる。現在の代表制度の下では、強制力を持つ公式の政治制度が問題解決能力に長けている。その一方で、そうした日常の政治は、社会の問題の発見能力に長けている。

これに加えて、日常の政治には、世論への働きかけをとおして次に行われる選挙での有権者の投票行動に影響を及ぼす可能性も当然ある。いわば、非公式ではあるが、選挙運動的な性格も日常の政治にはあるのだ。このようなルートでも日常の政治は、公式の代表制度と深く結びついている。

だから、デモや草の根の市民運動などの日常の政治を侮ってはいけない。それなしでは、民主主義は社会を集合的に統治する《制度》としてうまく機能できないよう設計されている。デモに意味がないと勘違いしている人が未だにいるが、それは、デモを含めた日常の政治に公式の政治制度が持つ問題解決能力を求めているからだろう。もちろん、それはない物ねだりであり、民主主義における日常の政治の役割を勘違いしているにすぎない。事実、戦後の日本の政治を一瞥するだけでも、公害問題など、これらの日常の政治は社会を大きく変える原動力となってきた。

それでは、平成の時代における日常の政治の特徴はどこにあったのだろうか。

ＳＮＳなどのコミュニケーションツールの発達もあり、近年、世界の各地域で日常の政治はますます、活発化しているように見える。しかし、活発化の一方で、有象無象の日常の政治の中には、自文化・自民族中心主義のナルシシズムを煽り立て、他者への不寛容を促すような活動が多々見られるようになっている。先に指摘したことではあるが、まさにこの事態が平成の日本社会において起きたのである。

こうした排他的なナショナリズムやエスノセントリズムを公然と掲げ、扇動するポピュリズムが猛威をふるえばふるうほど、この勢いに煽られて反民主的な価値を掲げる日常の政治と、民主的価値を守ろうとする日常の政治とが、激しく対立するようになる。価値としての民主主義をめぐる、日常の政治の間での対立だ。

もちろん、前者の日常の政治が反民主的な価値を掲げるからといって、多くの場合、法律に触れることが行われるわけではない。ここに注目する必要がある。むしろ、憲法や法律の範囲内でそれらによって認められた民主的な権利、たとえば表現の自由や結社の自由などをフルに活用しながら、そうした活動が行われている。つまり、民主主義の制度の枠内で、民主主義の実質が蝕まれていくということだ。

その対立において明確になり始めているのが、社会における民主的な価値の拡大を支持するのか、その縮小や制限を容認するのか、という現代社会の政治争点の核心なのだ。このことを浮き彫りにした点に、平成の時代における日常の政治の特徴があった。そこで、具体的な事例を見てみよう。

平成における反民主主義勢力の日常の政治

繰り返しになるが、平成の日常の政治をリードしたのは、一般に保守・右派と呼ばれる陣営、その中でも、反民主的な価値にもとづく主張や政策を掲げる団体や組織であった。リードしたというのは、一つには、社会の注目を集めることを目的の一つとする日常の政治において、来日に対してよりインパクトを与え、存在感を発揮したのが、在日朝鮮・韓国人を主な標的に、コリアンタウンや朝鮮学校へ出向いて、聞くに堪えないヘイト・スピーチを行うレイシストの団体であり、同様な言説をネット上で垂れ流すネトウヨたちの存在だったという意味においてである。これらのレイシズムが民主的な価値と相容れないことは、指摘するまでもない。

さらに、議会や政党といった公式の政治制度に対する実際の影響力という意味でも、そういえるであろう。組織力とコネクションを持つ保守・右派団体の日本会議がその好例だ。自民党を中心にした保守系の地方議員や国会議員への浸透度に関しては驚くべきものがある。

平成の終わりになり、日本会議に関する研究が多く発表されたが、そこから明らかになったのが、自民党議員の多くが賛同する諸政策や政治的立場は、日本会議系の団体がその運動をとおして推し進めようとするものとほぼ一致しているということだ。たとえば、基本的人権の制約を目指した憲法改正から夫婦別姓反対、外国人地方参政権反対、戦前の日本の植民地支配や侵略戦争を否定する歴史観、靖国神社への異様なこだわり、そして封建的な家族観の復活などがそれに当たる。

しかし、この一致も、一九九七（平成九）年に自民党の重鎮たちを中心に結成された日本会議国会議員懇談会――日本会議の支援団体――に自民党の国会議員の半数以上が加入していることを知れば、何の不思議もない。特に憲法改正に関して、第二次安倍政権下では安倍首相を中心に国会で憲法改正の政治日程が提示され、日常の政治では日本会議系の草の根的運動が憲法改正の機運を後押しするという形で進められているのが現状だ。確かに、これらの主張は何らの目新しさもないが、戦前の社会を異様に賛美する日本会議系の右派団体の社会観や歴史観は、明らかに反民主的な価値にもとづいているといわざるを得ない。そして、このような団体とかつては国民政党と呼ばれた自民党が蜜月の関係にあると疑われているわけだ。

しかし、それにしても、なぜ、反民主的な価値を掲げる日常の政治が平成の日本においてこれほどまでに活性化し、また私たちの社会に強烈なインパクトを残すことになったのだろうか。ここでは、その理由を二つの点から考えてみよう。一つは、日常の政治と平成の政治・社会的背景との関係に関して。もう一つは、社会運動としての日常の政治における組織化やそのためのテクニックに関して。

第一の点について、まず指摘しておくべきは、冷戦の終結により保守主義の意味が決定的に変化したことである。保守主義にもいろいろな種類があるだろうが、自民党を中心にした戦後の保守の主流は、冷戦の下での反共産主義——その裏を返せば、米国追従主義——であり、したがって、政治的には自由主義、経済的には資本主義の体制維持にあった。冷戦の終焉とソ連の崩壊が、そのような保守主義の存在意義を危ういものとしたのは当然であった。戦うべき敵が消滅したからだ。敵がいなくなったのであるから自由主義や資本主義もわざわざ保守すべきものではなくなった。このため、日本の保守主義は、新たに保守すべき対象と、戦うべき敵とを見つける必要が出てきた。さまざまな選択肢がある中、再び注目を浴びたのが、戦後の日本の日常生活に根強く生き続けてきた、明治期の日本への回帰を主張する国家主義的なナショナリズム、さらに神話の世界にまでさかのぼるエスノセントリズムであった。簡単にいえば、天皇制や封建的な家族観などの、第二次世界大戦以前の歴史や伝統を保守の対象とする一方で、民族や国家よりも基本的人権ないし個人の尊厳を重視する戦後民主主義、言い換えれば、新憲法が立脚する民主的価値観を戦うべき敵とする保守主義だ。このタイプの保守主義が特に、安倍政権内部に深く食い込んでいくことで、社会的な注目を浴びるようになった。

もう一つの社会的背景としては、やはり日本社会の格差化がある。平成の時代、格差の拡大による社会の分断は、自分とは異なる者への不寛容と敵意を社会に蔓延させた。不寛容や敵意の根底には、怒りや不安といった感情がある。それらは、一方で負け組と呼ばれた人びとにおいて、人間として当然持つべきものを奪われることで自尊心が傷つけられた結果の感情であり、他方で勝ち組と呼ばれる人びとにおいても、グローバル化によってますます激しくまた終わりのない競争にさらされ続けた結果の感情だ。格差化し分断化された社会全体の奥底に積もりに積もったこれらの怒りや不安が、公然と隣国に対するヘイトをまき散らす集団を生み出す土壌の一部となったとしても何ら不思議はない。

第二の点に関して。ツイッター、フェイスブックをはじめとするSNSやブログの発達は日常の政治の活動範囲を大幅に拡大することになった。情報の提供、コミュニティ形成、デモなどへの動員などにおいてインターネットをより積極的かつ巧みに活用したのが、レイシスト団体であり、ネトウヨと呼ばれる人びとであった。インターネットの黎明期、この新たなインフォメーション・テクノロジーは、より自由で平等なコミュニケーション空間を創造することで民主主義の深化に貢献するという、今から思えば、余りに能天気な予測があった。現在では、匿名性を利用した、印象・情報操作やそれによる洗脳や詐欺の危険がこの空間ではむしろ顕著になりつつある。近年、ポスト・トゥルースやフェイクニュースといった言葉が流行ったが、それらはこの危険を改めて周知することになった。

反民主的価値を掲げる日常の政治の活発化と影響力の増大に関係してもう一つ考慮すべきが、草の根の社会運動のテクニックだ。それは、勧誘活動、署名活動、勉強会、小規模集会、陳情活動、デモをとおして、コンシャスネス・レイジングを行って仲間を増やし、エンパワーメントで運動の闘士を仕立て上げ、さらにロビー活動でパワーエリートたちとのコネクションを作り上げる。ようするに、日常の政治のための組織を立ち上げ発展させていくための地道な取り組みだ。そもそも、こうした社会運動の草の根の活動は、革新・左派陣営のかつてのオハコともいわれた。日本会議系の諸団体などは、こうしたテクニックを学び、地道に活用していくことで、現在の勢力を獲得するまでになったのである。

時代の雰囲気をうまくつかみ、さまざまな組織化のテクニックを駆使することで、反民主的価値を掲げた日常の政治は、平成の社会に大きな影響を及ぼすことになった。

その一方、革新・左派陣営の日常の政治はどうであったのか。

平成における民主主義を守るための日常の政治

革新・左派陣営の日常の政治にも大きな変化が見られた。その典型例がデモである。二〇〇三（平成一五）年のイラク攻撃に対する反戦デモでは、「サウンド・デモ」という新たなレパートリーが取り入れられ、四万人近い人びとを動員したとされる。このデモの特徴はリラックスした開放的な雰囲気にあった。お洒落な服装の若者たちやベビーカーを押す今どきのカップルなど、労働組合や政党によって動員された党派色の強い従来のデモのイメージを覆すものであった。この反戦デモは、その後の日本の革新・左派系の直接行動に大きな影響を及ぼすことになった。なぜなら、それは、ポスト工業化社会に相応しいデモだったからだ。

日本社会が工業化社会からポスト工業化社会へと移行するのに伴い、労働組合の組織率も下がり、無党派層が増大した。もちろん冷戦の終結にともなう社会主義イデオロギーの敗北は、すでに有権者の左派離れを推し進めていた。旧態依然のデモでは動員数が激減していくのは不可避であった。そんな中、このデモは、労働組合や政党といった特定の党派に属さない新たな層の人びとをデモに動員する際の一つのモデルとなったといえる。

そして、党派に属さない人びとが自由に参加するデモという新たな傾向がピークに達したのが、二〇一一(平成二三)年の東日本大震災とその直後の福島第一原子力発電所事故の発生以降、日本各地で頻繁に行われた脱原発デモであった。そもそも、原子力発電自体が工業化社会の産物であり、またそれを推進してきた、いわゆる原子力ムラ——原子力発電をめぐる利権によって結ばれた、産・官・学の特定の関係者から構成される特殊な社会的集団——も工業化社会に典型的な既得権益組織であった。脱原発運動およびデモで表明されたのは、たんに放射能の汚染への恐怖や福島の一部を半永久的に立ち入り不可の地にした原発への怒りだけではない。そこに集った人びとを突き動かしていたのは、もはや時代遅れの工業化社会を変えねばならないという意思だった。すなわち、工業化社会に典型的な大企業の既得権益優先の政治を改め、自然に大きなダメージを与えながら大量のエネルギーをこれほどまでに消費する工業化社会のあり方をよりエコロジカルに変革しようとする意思の表れだ。

しかし、脱原発デモの特筆すべき点は、それが工業化社会からの脱却を目指したことにあるだけではない。それは、参加する人びとという点で、二〇〇三年のデモの流れを引き継ぐものであった。そのデモには、工業化社会のデモに特有の、労働組合や政党に動員された人びとばかりでなく、ポスト工業化社会ならではの特定の党派に属さない人びと、フェイスブックやツイッターなどのSNSをとおして三々五々集った人びとが特に目立っていた。つまり、二〇〇三年のデモと同様に、多様性や開放性という雰囲気の下で、日常の政治の新たな担い手たちが、そこに集結していたのである。

新たな担い手に関するこの傾向は、安保法制反対のデモにおいて、SEALDs（自由と民主主義のための学生緊急行動）という若者たちの政治団体を生み出した。国会前でのこの若者たちのスピーチやシュプレヒコールは、確実に、日本の革新・左派陣営におけるデモが新たな時代を迎えつつあることを多くの人びとに印象付けることになった。

このように、平成の時代には、革新・左派陣営における日常の政治にもイノベーションが起きた。ただ、それは保守・右派陣営の日常の政治に比べるなら、公式の政治制度や社会に対する影響力という点では弱かったといわざるを得ない。ポスト平成の時代に勢力を盛り返そうとするなら、革新・左派陣営は保守・右派陣営から多くを学ぶ必要があるだろう。とりわけ、日本会議系の右派団体に見られる地道な草の根の活動や、政党や政治家などとの連携の強化が不可欠だ。そうした草の根の活動こそ、日常の政治そのものであり、また、革新・左派陣営の伝統でもあった。近年の新たな傾向の下で、革新・左派陣営の草の根の活動が再び活発化するならば、ポスト平成の時代の日常の政治は、平成の時代とは大きく異なる様相を見せることになるのではないだろうか。

ポスト平成の時代の民主主義

これらの事例は、平成の日常の政治において何が賭けられていいのかをはっきりと教えてくれる。すなわち、それは、民主的価値の擁護か、それともその毀損かということであった。レイシスト団体やネトウヨ、日本会議に代表される保守系団体の活動が反民主的価値を掲げたものであるとすれば、脱原発デモから安保法制反対のデモに至るまで、それらで掲げられたメッセージは結局のところ、民主主義を守れというものであった。

しかし、守られるべき民主主義や民主的価値とはどのようなものなのか。この問いを曖昧なままにしておくことはできない。なぜなら、現在、日常の政治においても、そして、公式の代表制度においても同様に生じている危機は、民主主義の形式の枠内で、民主主義の実質が蝕まれているということだからだ。民主的な社会をそのようにして損なう、「民主主義の内なる敵」とはいったい何なのかを識別するためにも、この民主主義の実質、すなわち民主的価値が何であるのかをはっきりさせておく必要がある。

民主的な価値とは、民主的な社会を基礎づけている価値だ。だとすれば、民主的な社会とはどんな社会なのか。現代の民主的な社会を理念的に単純化するなら、こうなる。すなわち、対等な人びとからなる自由な社会である。齋藤純一にならい、その社会を支える主要な制度——税制や社会保険制度など——を共有し、それを変えることができる立場にある人びとを、市民と呼ぼう。市民は、いわゆる身体的自由から精神的自由、そして労働や教育に関わる社会的自由といった自由を等しく享受する。しかし、これだけでは、自由な社会であっても、民主的な社会ではない。なぜなら、民主的な社会の最大の特徴は、そうした自由がそれを享受する市民たちの政治参加によってはじめて守られ、確実なものになると考える点にあるからだ。だから、民主的な社会において重要な自由は、政治に参加する自由、少し難しい言い方をすると、自分たちの社会を共同で統治する自由となる。

そして、さらに重要なのが、市民であるなら、性別や老若の違いに関係なく、肌の色や宗教の違いに関係なく、貧富の差に関係なく、対等に参加すること、すなわち、参加における対等性だ。これが、民主的な社会が「対等な人びとからなる」、という意味だ。ここから、民主的な社会では、自由だけでなく、対等な参加が可能となるのに必要な物質的な平等が保証されねばならないことになる。しばしば勘違いをする人がいるが、民主的な社会におけるこの平等は、完全な平等ではなく、あくまでも、政治に参加するのに必要な平等だ——もちろん、それがどの程度なのかは論議の対象ではあるが――。これを民主的平等という。
民主的な社会では、社会的・文化的な属性における差異を是認し、多様性を称揚する。なぜなら、差異や多様性は、民主的な社会で各市民が享受する自由の必然的な帰結だからだ。自由は差異と多様性を生み出す。ここから、民主的な社会での政治参加あるいは共同統治は、外見や生活の習慣、人生の目的において異なる市民の間で行われるという、民主主義の特筆すべき性格が出てくる。ところで、この参加や統治が対等になされることを民主主義は理想とするが、そのためには物質的な平等だけでは十分でない。各市民のアイデンティティが平等に承認されることが必要となる。そして、各自のアイデンティティは民族や人種、性別、宗教、思想、ライフスタイルなどから構成されるのであるから、それらも当然、平等に尊重され承認されねばならない。というのも、この平等がないとするなら、いい換えると、あるタイプのアイデンティティは認められ、別のアイデンティティは認められないということがあるなら、市民の中に他の市民と異なって存在することが難しくなる者が出てくるからだ。そうした場合、その市民は自由でなくなるからだ。これゆえ、民主的平等とは、富の分配における平等とアイデンティティの承認における平等という二つの平等を意味することになる。

こうして、民主的な社会、すなわち、対等な人びとからなる自由な社会の根源的な価値が何であるかがはっきりする。それは、いうまでもなく、自由と平等であり、より正確にいえば、個人の尊厳に基礎を置き、社会の多様性を作り出す自由と、対等な政治参加を可能にする二つの平等である。

さて、日常の政治では、どの時代でも具体的な問題がフォーカスされ、その実際の解決が目指される。しかし、平成の時代の日常の政治がコミットしてきたさまざまな問題の核心には、対等な人びとからなる自由な社会をどうするのか、その社会における自由と平等を守るのか、それともそれらを制限し縮小していくのか、という争点が存在していたのである。

ポスト平成の時代の日常の政治を考える上で、この点を決して忘れてはならない。平成の時代の日常の政治では、民主的な社会の内部に、しかも、民主主義のルールに従ったやり方で民主的な価値を拒絶するような日常の政治が無視できないほどに活発化した。そして、それと政治家や政党とが結びつくことによって現実に民主的な社会の基盤を破壊しかねない状況が出てきた。これはポスト平成の時代にも間違いなく続く。

ポスト平成の時代においても、日常の政治は、当然なくなりはしない。それどころか、ますます活発になっていくし、その重要性は増すだろう。というのは、別章で論じたように、代表制という民主主義の公式の制度によって平成の時代から先送りされた社会問題を解決しようとする前に、すでにうまく機能しなくなっているこの制度自体を修繕する必要があるからだ。ポスト平成の時代において、民主主義の公式の制度の行き詰まりをより民主的な形で打開できるかどうかは、問題提起を社会に向けて行い、その解決を政治に要求するような、日常の政治のあり方にかかってくるといっても言い過ぎではない。

平成の終わりの今でさえ、すでに日常の政治のいっそうの活発化が、私たちの身の回りで毎日起きている。少なくともこのことだけははっきりと断言できる。たとえば、子ども食堂だ。これはコミュニティに根を下ろす典型的な日常の政治だが、その数はますます増えている。自分たちのコミュニティの問題を自分たちで解決しようとするこうしたコミュニティ・ワークから、国会前のデモ、社会の少数派へのヘイト・スピーチ、憲法改正のための署名活動まで、はたしてその活動は、対等な人びとからなる自由な社会という民主的価値を促進するのだろうか、あるいは、それを破壊するのだろうか。日常の政治は、すでに傷つけられた私たちの民主的な社会をさらに損なうこともできれば、その傷を癒やし、再生させることに貢献もできる。だからこそ、ポスト平成の時代においても、民主的な価値をめぐるこの問いかけを忘れず続けていかなければならないのだ。

参考文献

水島治郎『ポピュリズムとは何か』（中公新書、二〇一六年）

安田浩一『ネットと愛国』（講談社＋α文庫、二〇一五年）

齋藤純一『不平等を考える』（ちくま新書、二〇一七年）

NPO法人 豊島子どもWAKUWAKUネットワーク編『子ども食堂をつくろう！』（明石書店、二〇一六年）

菅野完『日本会議の研究』（扶桑社新書、二〇一六年）

青木理『日本会議の正体』（平凡社新書、二〇一六年）

ジャン・ジャック・ルソー『社会契約論』（桑原武夫・前川貞次郎訳、岩波文庫、一九五四年）

ハンス・ケルゼン『民主主義の本質と価値』（長尾龍一・植田俊太郎訳、岩波文庫、二〇一五年）

ピエール・ロザンヴァロン『カウンター・デモクラシー』（嶋崎正樹訳、岩波書店、二〇一七年）

ヤン＝ヴェルナー・ミュラー『ポピュリズムとは何か』（板橋拓己訳、岩波書店、二〇一七年）

カール・マルクス『ユダヤ人問題によせて／ヘーゲル法哲学批判序説』（城塚登訳、岩波文庫、一九七四年）

ユルゲン・ハーバーマス『事実性と妥当性―法と民主的法治国家の討議理論にかんする研究〈下〉』（河上倫逸・耳野健二訳、未來社、二〇〇三年）

Wendy Brown, *States of Injury: Power and Freedom in Late Modernity*, Princeton University Press, 1995.

Nancy Fraser, *Fortunes of Feminism: From State-Managed Capitalism to Neoliberal Crisis*, Verso, 2013.

第七章

特別対談　辻田真佐憲×藤井達夫

保守とリベラルは新しい「物語」をつくれるか？

平成とは「アンチ昭和」である

藤井　本書では「ポスト工業化」、「ネオリベラリズム」、「格差社会」、「ポスト冷戦とグローバル化」、「五五年体制の終焉」、「日常の政治」の六つのキーワードから平成を読み解いてきました。

ここからは歴史家の辻田真佐憲さんとともに平成について考えていきます。辻田さんは著書に『日本の軍歌』『大本営発表』（幻冬舎新書）や『空気の検閲』（光文社新書）などがあり、戦前の文化と政治との関係について意欲的に研究されていらっしゃいますよね。辻田さんは「平成」の時代をどう捉えていますか。

辻田　一言でいえば、アンチばかりの時代でしょうか。藤井さんが本文で書かれていたように、「平成の終わり」といっても単に天皇が老齢で譲位するだけですから、時代の区切りとしてそれほど大きな意味はありません。とはいえ、平成を前半と後半に分けてみると面白いことがわかります。

まず平成前半では、バブル崩壊と湾岸戦争がほぼ同時期です。その後、Google（一九九八年）と2ちゃんねる（一九九九年）が誕生しました。二〇〇一年にはアメリカ同時多発テロが起きます。二〇〇二年にはネット右翼が生まれるきっかけとされる日韓ワールドカップが開催され、拉致問題に関して日朝首脳会談があった。この年にはいわゆる「ゆとり教育」もはじまりますね。二〇〇三年には六本木ヒルズがオープンし、イラク戦争が起こる。国内外で様々な変化があり、昭和の価値観を引きずりつ

藤井達夫（ふじい・たつお）／左
辻田真佐憲（つじた・まさのり）／右
1984年、大阪府生まれ。作家・近現代史研究者。
慶應義塾大学文学部卒業、同大学院文学研究科中退。
現在、政治と文化芸術の関係を主な執筆テーマとしている。
著書に『空気の検閲』（光文社新書）、
『文部省の研究』（文春新書）、『大本営発表』
『ふしぎな君が代』『日本の軍歌』（以上、幻冬舎新書）、
『たのしいプロパガンダ』（イースト新書Q）、
『愛国とレコード』（えにし書房）などがある。
監修に『満洲帝国ビジュアル大全』（洋泉社）など多数。
軍事史学会正会員、日本文藝家協会会員。

つも、そのままでは通用しないことが明らかになったのが平成の前半です。いわば「昭和の継続と限界」でした。

藤井　冷戦の終結により国際状況も外交関係もガラッと変わり、国内の政治では改革の機運が高まった時期です。ワールドカップに熱狂する若者の姿から「ぷちナショナリズム」という言葉も生まれました。今のネット右翼の萌芽がこのころ見られたともいわれます。

辻田　平成的な要素が顕在化してくるのは後半で、マスコミ批判やネット右翼が目立ちはじめます。二〇〇四年にはチャンネル桜、二〇〇六年には在日特権を許さない市民の会（在特会）が設立されます。メディアとの関係でいえば「マスゴミ」という言葉が出てきます。「マスゴミ」という言葉自体は昭和から使われていたんですが……。

藤井　すでにマスコミを蔑視する言葉が昭和の時代からあったわけですか。

辻田　ただ、「マスゴミ」が本のタイトルになるなど、広く使われはじめるのは平成の後半ですね。たとえば二〇〇八年に『マスコミはなぜ「マスゴミ」と呼ばれるのか』、二〇〇九年には『マスゴミ崩壊』といったタイトルの本が出版されています。

一九九三年の椿事件や、二〇〇一年の田中康夫「脱・記者クラブ宣言」もあったとはいえ、マスコミが強烈に叩かれるようになったのは、ネットの普及があったからでしょう。二〇〇五年にYouTube、二〇〇七年にニコニコ動画など、動画メディアも誕生します。

平成の前半は昭和の遺物が精算されていた時代です。銀行さえ潰れました。一九九七年の山一證券自主廃業の記者会見は印象的でした。しかし、その時期にもマスコミは地上波を独占するなど、続・昭和の状態を続けていたのです。そのため、他の業界は苦しい改革をしたのに……と、マスコミの既得権が目立つようになってしまった。平成の後半に残った昭和の遺物だから、マスコミは攻撃されているのではないでしょうか。

藤井　面白い観点ですね。平成の前半ではネオリベ的な政策を導入した小泉・竹中路線があり、昭和的なものを改革していきました。改革の中で普通の人たちの生活は苦しくなっていったのに、「あいつら（マスコミ）だけ改革されずに既得権益を守っている」というルサンチマンが平成の後半に爆発したということですね。

辻田　安倍政権が今打ち出している「美しい国」もまさに昭和の遺物ですよね。彼らが言う「美しい国」はどの時代を指しているのかわからない。戦前なのか、高度経済成長期なのか。どちらにせよ、今の社会状況の中で完全に復活させることは不可能なので、彼らも具体的に指定できないのでしょう。

だから「反マスコミ」「反朝日」といったアンチになり、共同体をぼんやりと浮かばせることしかできないのです。

藤井　なるほど、平成の右翼も左翼も現在のところ、同じものを攻撃していて、それが昭和の残滓なんですね。右翼はマスコミを批判し、左翼は安倍的な「美しい国」の国家主義を批判している。平成の左右両陣営からの攻撃の対象になっているのは、「昭和」であると。

辻田　ある種の「昭和」攻撃です。ただ、昭和を否定した先に大したものは何もなかった。結果的に平成はアンチばかりで、残念ながら、政治的にはあまりポジティブな時代ではなかったように思っています。

『戦争論』と左翼の欺瞞

藤井　アンチ左翼の印象的な動きとしては、一九九八年に発売された小林よしのり氏の『戦争論』が挙げられますよね。ベストセラーになり、東大早慶の大学生協にもずらっと並んでいました。小林氏を見ていると、平成の保守主義がどう変わったのかがよくわかります。彼は戦後民主主義が欺瞞であると批判していました。

辻田　当時はリベラルが強く、とりあえず反権力的なことをいっておけばいい空気がメディアにありました。それも、戦後しばらくは戦争の苦い経験があり、歴史的な根拠もありましたが、長く続くうちに「言論界で認めてもらうため」の発言に陥っていった。そんな戦後リベラルへの失望もあるでしょう。

藤井　戦後リベラルあるいは戦後民主主義といってもよい、それらは生活保守主義と切り離せません。戦後民主主義の原点である、反戦平和主義にしても、イデオロギー的なものというよりは、もとは多くの人にとって戦争は嫌なものであり、自分の生活の安全を維持したいという生活保守主義と考えてよいでしょう。それに対して、平成の時代、すなわちネオリベ化した時代にアップデートされたリベラルは、生活の安全を求める庶民の欲求や関心、その生活保守主義に対して冷淡であった。いや、それだけでなく、そうした欲求や関心を踏みにじる言説、本書では「自己責任論」として言及したネオリベラリズムの統治を促進する言説に加担することさえあった。こうした態度は、リベラル特有のエリート主義臭として忌み嫌われているわけですが、それはともかく、平成のリベラルは、生活保守主義に背を向けがちだったように思われます。

そこにつけ込む形で、一部のネット右翼は「外国人が自分たちの生活を脅かしていて、それを守るためにやっている。日本で孤独死する人が生活保護を受けられないのに、外国人が受けているのはおかしい」と主張しています。この主張が事実かどうかは別として、ある種の生活保守主義に基づいた訴えかけであることは確かです。

辻田　雇用が安定しているときは、労働組合も重要な役割を果たしたのかもしれませんが、自分たちの雇用を守るために若年層の派遣労働や非正規雇用に同意してしまいました。生活の苦しい若者から見ると、左翼は「高齢者の既得権益集団」のように見えるでしょう。言っていることとやっていることが違うと言われたら反論できません。

藤井　米国大統領選でヒラリー・クリントンが批判されたのも、彼女が恵まれた人間だからです。教育もあり、夫が元大統領だった。つまり、彼女は既存のエリートなわけで、リベラルというのは、欺瞞なんじゃないかと批判されました。リベラルの欺瞞を指摘するのは、世界的な傾向なのだと思います。

辻田　左翼の欺瞞に気が付いたからトランプに投票したとしても、あっちはただの大富豪です。「自己責任」と切り捨てられるだけで、助けてくれるわけではない。

日本の場合は、『戦争論』だけではなく、ネット文化との両輪でネット右翼が生まれたと考えています。それまで政治を語るのはめんどくさいことで、直接人と会わないといけませんでした。しかし『戦争論』を読んだ人が、すぐに匿名で2ちゃんねるに書き込めるようになりました。人に会わずとも意見できるようになったのです。

右派団体を見ても、一九九七年にできた日本会議は家族主義などの面で昭和的な価値観が濃厚でした。これに対し、『戦争論』と2ちゃんねる誕生後に、チャンネル桜や、在特会といった平成的な右派団体が出てきます。

藤井　今の小林よしのり氏はネット右翼に対しても安倍政権に対しても批判的ですよね。

辻田　戦後リベラルの欺瞞は一貫して批判していると思いますよ。ただ小林さんはメディアの中でマジョリティに対してあえて反対のことを言う立場です。ネット右翼が強くなったら、それを叩くのは当たり前で、ある意味では一貫しているのだと思います。

藤井　平成の時代の右翼の残念なところは、一方で生活保守的な論点を提起するそぶりを見せつつも、結局はマイノリティの強者ではなく、マイノリティの弱者叩きに回った点です。ネット右翼は、生活保護受給者を叩き、在日コリアンへのヘイトスピーチを増幅させました。過去にさかのぼるなら右翼は必ずしも弱者・貧者叩きをしませんでしたよね。戦前の右翼にはアジア主義もあったわけで。でもそうした感覚が平成の右翼にはない。

辻田　右翼には在日コリアンの人も多かったですし、全部ではないにせよ、社会から少しずれた人も包摂する寛容なところがありました。アジア主義も戦前は基本的に邪魔者扱いで、国策になったのは戦中の一時期の話です。そういった意味で右派の歴史がうまく継承されていないと感じています。

藤井　彼らの「愛国」が本当に国家を大切に思っているのかどうか疑問です。靖国でコスプレをしている人たちに対して、ある種ファッション的なものを感じます。昭和には「ファッション左翼」という言葉がありましたが、まさに「ファッション右翼」です。

国家を真剣に考えるのであれば、もっと日本の歴史を勉強するでしょう。そうなると今の安倍首相が言っている「美しい国」がめちゃくちゃであることに気が付きますよね。

辻田　新しい「美しい国」をつくるのならともかく「取り戻す」と言っています。なにか取り戻す対象があるらしいのですが、それが具体的になんなのかはわからない。それが露呈したのが森友学園の事件です。あの「教育勅語」や「御真影」の扱い方を見ていると、戦前でもなんでもない、ただの愛国コスプレです。それを保守系の論者だと言われている人たちが推薦していた。結局「ビジネス右翼」なのだと思います。

藤井　戦中、戦後を見てもビジネスと右翼のつながりは強いですよね。現在の状況だけを見ていると、素朴に日本が好きな気持ちがあるのではなく、愛国心をビジネスの道具として使っているのではないか？　と感じてしまいます。ビジネスと右翼はどう関係しているのでしょうか。

辻田　戦前の右翼は反体制的なところがありました。たびたび政治家や経済人を殺害していますしね。時に帝国主義に反対し、アジア主義を唱えていた。ですが戦後の右翼は基本的に親米で、体制と結びつきます。彼らはフィクサーのような存在であまり表舞台に出てきませんでした。現在の右翼はネットに結びついている。みんなSNSをやっていて、ネットで動員をかける。ビジネスと右翼の結びつきは変わっていると思います。

藤井　ネット右翼と呼ばれる人たちは、行動する右派からYouTubeで小銭を稼ぐ人、ネット・リテラシーがまったくなく、フェイクニュースを鵜呑みにしてしまう人たちまで、様々です。その意味で、ネット右翼は、空虚な記号といえるでしょうね。空虚な記号であるがゆえに、動員力があるのかもしれません。

安倍政権は昭和の反省から生まれた

藤井　そんな状況の中で、第一次安倍内閣が二〇〇六年に、第二次安倍内閣が二〇一二年に誕生します。安倍政権を見ていると、公文書を改ざんしたり、メディアコントロールをしたりとモラルの崩壊が起きている。その様子が戦前、戦中の国家と比較されることは多いですが、辻田さんはどのように捉えていますか。

辻田　戦前は今と憲法体制が違うので、違う点は多々あります。類似点は難しいですね。強権的といわれた東条英機ですら戦争中に首相を辞めています。海軍の作戦に口を出せなかったり、権力の掌握に苦労していたり――その反省から、戦後は総理大臣に権限が集中しています。その結果が現在です。

藤井　確かにその通りですね。戦前の反省のもとに戦後の代表制度があり、その反省のもとに今の体制があるわけです。平成に入ってからは、五五年体制への反省にもとづいて、首相を中心とする内閣の権限強化が続いていき、その結果が今の政権に連なっています。

辻田　今の政権は分割統治と内部統制に長けている。野党が分裂状態なので、選挙をしても負ける理由がない。政権を支持している人の多くは「ほかにいないから」という理由です。それでダラダラと政権が続いている。今は翼賛選挙のように、選挙干渉がされているわけではありません。「安倍はヒトラー」と批判する人がいますが、なにも言っていないに等しい。あまり戦前の比喩に頼りすぎないほうがいいでしょう。それよりも政権交代可能な野党を育てるほうが先です。

藤井　確かに、安倍政権とナチスを同一視するには無理がある。では、今巷では話題となっている、忖度への風潮はいかがですか？

辻田　戦前も忖度がありました。メディアを統制するときに、検閲官もいきなり発禁をせずに「するぞするぞ」と脅しをチラつかせて従わせていた。実際に処分をすると書類も残るし手間もかかる。「ここはどうなの」と脅して、相手が怖じ気づいてしまうほうがいい。忖度は効率的な統治システムなんです。

藤井　まさに森友問題で起きたことですね。

辻田　実際問題として忖度は行われていると思います。事前に関係者に根回ししてから文書をつくらないと、少数精鋭の官僚機構は回らないでしょう。でも政権に権限が過度に集中し、メディアのチェック機能も働かないとなれば、暴走の原因になります。集めすぎた権限をどう分散させて、チェック機能を持たせるか。権限集中の弊害が出てきていると感じます。

藤井 そうなると、政権交代可能な野党を育てるしかない。もう一つは市民社会がしっかりと政府を監視する。加えてマスコミの自立性が重要ですよね。マスコミの自立性についてはどう考えていますか。

辻田 マスコミが市民社会から信頼されていないのは問題です。アメリカやイギリスなどは昔からメディアと権力が激しいぶつかり合いをしていて様々な知恵の蓄積があります。日本もそこから学びながら考えないといけません。マスコミと市民社会は協力しながら権力を検証することが必要なのですが、今は政治権力が市民社会に直接働きかけてマスコミと市民とを分断しようとしている状況です。

マスコミは膨大な記者を中に抱えて、あらゆる情報を検証し、日々まとめてくれています。あんな便利な仕組みはありません。ネットメディアも今のところ既存のマスコミがあってこそ成り立つものでしょう。マスコミと市民の相互不信が解消されるのは大切だと思います。

藤井　そうなると、政治権力のマスコミへの介入が問題であることはいうまでもありませんが、マスコミのほうも昭和の既得権益的な在り方を変える必要がありますよね。

辻田　地上波を独占していて、既得権益を持っていることは批判されてもしょうがないですよね。オークションを取り入れるなどの様々な方法があるでしょう。再販制度などについても再考の余地があります。またマスコミは昭和的な体質がすごく残っていて、長時間労働、パワハラやセクハラも問題になっています。これからマスコミ自身も変わっていく過渡期なのだと思います。

『HINOMARU』と動員の構造

藤井　最近音楽の分野では、バンドRADWIMPS『HINOMARU』や、ゆずの『ガイコクジンノトモダチ』の歌詞は愛国ソングであると一部の人びとが問題視しました。辻田さんは軍歌についても研究されていますが、現在のこのような潮流についてどう捉えていますか。

辻田　昭和初期はコロムビアやビクターなど、現在もある有名なレーベルが確立し、音楽産業の原型ができた時代です。音楽産業は、エロ・グロ・ナンセンスの時代は流行歌でしのぎを削っていましたが、満洲事変や日中戦争が勃発すると仕事のために軍歌をつくるようになります。思想信条があったわけでもなく、全部が全部押し付けだったわけでもない。むしろ軍歌にはビジネス的な観点が強くありました。

戦前の反省を踏まえ、戦後は国威発揚的な音楽には抑制的な傾向がありました。ところが平成になり、昭和の歴史が遠くなっていく中で、そういった歯止めがきかなくなっていると感じます。歌詞をよく見ると、そこまで問題にすることか……とは思いますけども。ただRADWIMPSやゆずといった、特殊な思想を前面に押し出していない人たちが歌詞を書いたことには注目しています。

ちなみに北朝鮮にはモランボン楽団というグループがあって、K-POPのような音楽を取り入れて愛国歌や軍歌を発信しています。軍歌は古臭いものの復活や勇ましいものではなく、最近の音楽と結びつくことがよくわかります。

藤井　二〇二〇年の東京オリンピックを、ナショナルな運動として、安倍政権をバックに、盛り上げたいと思っている人たちもいるのでしょう。今の忖度の政治を見ていると、音楽業界も忖度したのだろうと思います。RADWIMPSやゆずが自らああいう曲をつくったというよりは、そうした愛国的な空気を敏感に感じたのではないか。その意味で戦前の軍歌と似た部分を感じました。

辻田　昭和初期と違う点は、グローバル市場で勝負していることです。国内のみならず、海外の目を気にしなければいけません。行き過ぎたナショナリズムは批判されます。儲かるからナショナリズムを煽るのではなく、お金のためにナショナリズムに歯止めをかける動きは出てくるでしょうね。国威発揚イベントの際には、どうしても国威発揚的な音楽が生まれます。そのときにナショナリズムとグローバリズムのどちらを取るのか。エンタメ業界では選択を迫られる機会が増えるでしょう。

藤井　グローバルビジネスとしての側面が歯止めをかけるのはおっしゃる通りでしょう。一方で、世界の状況を見ると、今のグローバリズムは内向きの動きがあります。ヘイトスピーチやアメリカ・ファースト、ポピュリズムのようなものがスタンダードになりつつあることは注視しないといけないでしょうね。

ただ日本のインターネットでは今まで右翼的なものが優勢でしたが、ここ一、二年でアンチ・ヘイトスピーチのカウンター的な流れも力を持つようになってきました。RADWIMPSが叩かれ、謝罪することになったのもそれと関連があるのでしょう。

辻田　最近はネトウヨ動画がBANされる事例がありましたよね。

藤井　「BAN祭り」ですね。

辻田　保守系まとめサイトの広告を停止するように働きかける動きもネットから生まれました。

藤井　今までネット右翼の独壇場だったものが少しずつ変わっています。ネトウヨ動画をBANした彼らは、5ちゃんねるの「なんでも実況J板」の住民で「なんJ民」と呼ばれます。5ちゃんねるでもノンポリだと言われる人たちです。その中にはリベラルな人たちもいますが、ネット右翼動画のBANは完全に遊びでやっていますよね。

辻田　彼らは叩くのが面白いだけでしょうね。このような動向を見ていると、「記号の時代」になったと感じます。記号をうまく操作することで、人をどう動員できるのかの勝負になっていて、中身が空っぽです。国民国家の縛りも、かつてに比べれば明らかに弱い。情報も経済も人も自由に動くようになった。そうなれば、人々は記号で遊びはじめます。具体的な提案をすることなく、「アンチ○○」でしかなくなっていく。そうなるとTwitterで無限に争うことができます。

藤井 大文字の「国家」がなくなった中で、今行われているのは右翼、左翼を問わず、言説空間内部での記号との戯れであると。

辻田 ネトウヨ動画のBANだけを見ていると、行き過ぎた記号の遊びに歯止めをかけているように見えますが、そう簡単ではないと思います。彼らがやっていることはネットでいかに人を動員して相手を黙らせるのか。広告主にクレームを入れるなど、相手の痛いところを突いてくる。形式だけ見れば、ネット右翼のやっていることと一緒です。ネット右翼の行動様式がほかに乗り移っているのかもしれない。今はそれほど目立ちませんが、ネット左翼的な人もこれから出てくるでしょう。

藤井 おっしゃる通りです。なんでも乗せられるメソッドだからこそ、構造を注視しなければいけません。

辻田 RADWINPSの曲についても、最初に「軍歌」とレッテル張りしたのがよくなかった。そこから「軍歌だ」「いや軍歌ではない」という、ネット左翼とネット右翼のいつもの不毛な争いになってしまった。

藤井 条件反射的に、記号だけを見ているのですね。

記号から離れるために

藤井 記号という言葉が出ましたが、記号論を用いたポストモダン的な消費社会論がブームになるのは、日本では特に八〇年代からですよね。日本型工業化社会の成熟と衰退の始まる頃に、たとえば、ファッションのような消費文化の中で出てきたものです。

辻田 昭和の晩期から平成の初期にかけて、「大きな物語の終焉」がよく言われました。ポストモダンのブームが起こり、記号の戯れが肯定的に捉えられていた。「日本人は記号との戯れにもっともよく適応できるんだ」という風に言われていましたよね。

藤井 そういう明るい空気で平成は始まったはずでした。大きな物語は人々を拘束し、息苦しさを生み出します。それが終焉し、それぞれが自分の好きなことをやっていい。

差異こそはすばらしい、と。

辻田　記号との戯れが、ファッションでやっているうちはよかった。ところが政治に結びついてしまったのが問題です。政治的な言説は刺激的なので、そこをゲームにしてしまうと危険です。まずは政治と記号が結びついたときのリスクを自覚して、一定の距離を取ることが必要でしょう。右派も左派も記号の応酬から離れた上で、自分たちなりの考え方を実感のこもった形でつくっていかないといけません。

藤井　そこには難しさがありますよね。ますます実生活と理念やイデオロギーが乖離していく時代です。左翼方面からいえば、ある一部の人びとは、一九七〇年代以降、日常の生活の場に戻り、自分たちの生き方を見つめ直すことで、エコロジカルな生活を自らの手で切り開いていきました。そうした人たちは八〇年代のチェルノブイリ原発事故に敏感に反応し、日本でも母親たちを中心に原発の問題が注目されました。こうした流れが源の一つにもなり、二〇一一年以降の脱原発運動という、新しいムーブメントが生まれた。じゃあ右翼や保守はどうなのか。生活とイデオロギーが乖離させられるような状況が多い中で、どのような可能性があるのでしょうか。

辻田　福田恆存が、保守とは「横町の蕎麦屋を守ること」と言っていますよね。保守は主義じゃなくて態度だと。むしろ生活実感から離れた大きな国家を考えてしまうほうが左翼なのです。

パソコンに向かって保守を熱く語っている人間が、隣家の人間と喋ったことのない状態はおかしい。コミュニティの重視については右派左派ともに注目されていますが、手と足が届くコミュニティに参加し、記号とのバランスを取ることが重要だと思います。

藤井　保守主義の可能性はそこにありますよね。今はいきなりナショナリズムに飛躍していますが、保守主義はもともと地域や郷土、家族、コミュニティと結びついたものです。

アメリカの場合、オバマ前大統領はコミュニティ・オーガナイザーの仕事にかつて従事していました。コミュニティ・オーガナイジングは一九三〇年代に生まれた左派の運動です（その創始者であるソウル・アリンスキーは自らをラディカルと呼んでいますが）。資本主義によってコミュニティが破壊され、犯罪と貧困の巣窟になってしまった。そこでコミュニティの力で自分たちの問題を解決しようとする動きが生まれました。オバマ自身もシカゴの貧しい地域で、コミュニティ・オーガナイザーとして活動していた実績があります。このような運動は保守系・右派団体もやっていて、ゼロ年代の終わり頃からティーパーティが話題になりました。この保守系集団も左派のコミュニティ復興運動の手法を学んでいるのです。

日本でも子ども食堂のような流れがあり、自分たちのコミュニティを守っていこうとしています。これは右派も左派も共通の課題として掲げられる論点です。

辻田　派手ではないし、面倒な道ですが、肉体を動かし、直接人と会わなければ、記号の応酬から逃れられないでしょう。

新しい物語を地道につくる

辻田　今はあまりにも記号化されすぎていて、指導者と国がイコールになっています。先日の米朝首脳会談が象徴的ですが、トランプにアメリカが、金正恩に北朝鮮が象徴されていて、どこでなにを話したのか、どんなものを食べたのかさえ、一挙手一投足が報道されました。

しかしあれは一種のプロパガンダです。ひとりの指導者が国をコントロールすることはできません。実際にはその下に官僚機構があって、利害関係者がいて、様々な調整の中で物事は決まっています。それなのに、あたかも個人でなにかを達成したかのように報道されている。本来は複雑なはずのものを、その人のパーソナリティや面白さに還元している面があります。

記号が暴走しがちな時代だからこそ、コミュニティのように目の前のもっと複雑なものに触れ合う機会が必要ですし、その下にある様々な利害関係を見る訓練をしておかないといけません。

藤井　世の中があまりにも複雑になりすぎたがゆえに、政治家のパーソナリティに還元する傾向が出たという指摘ですね。おっしゃる通りなのですが、それは止めがたい傾向だと思います。複雑だから素人にはどう見てもよくわからない。人間の認識には限界がある。しかし民主主義だから個々人の意見は求められる。仕方がないから単純化して、ステレオタイプで世の中を見ることは止められないんじゃないか。

辻田　新しい物語をつくる方法はあるかもしれません。今は世間では単純化の一方で、アカデミズムでは細分化が行われています。大きなことを言う人間は集中砲火されますよね。私も大学院にいたとき「一般向けに本を書きやがって」と攻撃するアカデミシャンたちを見かけました。自分の専門のたこつぼから、大きなことを言う人を叩くわけです。

しかし、極端な右翼史観が広がった一因にその細分化があると思います。普通の人は分厚い専門書や論文を大量に読めませんので、本屋でわかりやすい一般書を求める。ところがそこには「大東亜戦争は聖戦だった」といった本が並んでいるわけです。そしてそれに感化されてしまう。この両極端の中でどうしたらいいのか。

私は「もう少しより良い物語」をつくっていくことが重要だと思っています。「大東亜戦争は聖戦だった」はあまりにも極端なので、それとは違う形の物語を常に更新していくしかない。

保守系の団体で講演したこともあるのですが、そこで「神話の話や安倍首相とご飯食べた自慢には飽きている」と言われました。そういう団体でも今の状況に不満を持っている人がいて、実は新しい言説を求めている。地道に投げかけていると必ず届くものだと思っています。

藤井　タコつぼ化していて、その弊害として単純な歴史観を持つ人が増えているのもその通りでしょう。ただ私の考えだと、大きな物語は二〇世紀までのものです。近代国家が形成され、工業化社会で人口が増えていき、社会の富も爆発的に増大し、人びとは確実に豊かになっていく。日本だとそのプロセスにおいて、「中流意識」という言説が多くの人びとにとっての大きな物語になりました。大きな物語は社会的な現実とのつながりがなければ説得力はありません。

私も新しい物語は必要だと思います。ただ現在の社会を考えた上で、どのような物語が可能なのか。それが昭和の時代にあったような大きな物語だとするなら、その創造は非常に難しい。たとえば陰謀論は物語ですよね。あまりにも記号化されすぎていて、そこになにかしらの裏付けが欲しい。そこでバラバラのキーワードをつなげて、「日本会議がすべて操っている」とか「安倍政権が勝つのは不正選挙」だと陰謀論をつくってしまう可能性もあります。

今日話を聞いていて面白いと感じたのは、高度消費社会が政治まで消費したなれの果てが現在だということです。そこからどう脱するのか考えると、私は悲観的にならざるを得ない。消費社会を成り立たせている下部構造が変わらない限り、なかなかここから抜け出せない。この不毛な争いが続くんじゃないかな。

辻田　政治という記号を消費する、「高度政治消費社会」になってしまったと。これからの「物語」はある種の安全装置のようなものだと思っています。おそらく経済状況も変わり、これから新しい歴史の転換点が来ると思うのですが、今は暴発を防ぐ物語がまったくないのでつなぎが欲しい。それで時代の変化を待つしかないのかなと。

藤井　「安全装置」というのは、一種の道徳や倫理なのでしょうか。今の安倍政権ではモラルの崩壊が起きていますよね。それにネットのヘイトスピーチでは「死ね」「殺せ」といった言葉が飛び交っています。道徳主義的なことは言いたくないですが、最低限のエチカは必要なのかもしれません。

辻田　日本で「道徳」というと、今は右翼的なものになっているので、「市民社会の倫理」と言い換えてもいいかもしれませんね。

藤井 市民としてやってはいけないこと、言ってはいけないことはどこまでなのか。一線を越えていないか。どう越えないようにするのか。その線をどこに設けるのか。いったい誰がどのようにして設けるのか。

辻田 まずは言葉を大切にするところから、始める必要があると思います。今は言葉が本来の意味からどんどんはずれていく。今、批判されるとすぐに「言論弾圧」と言われます。でも本来の意味は違いますよね。現実から遊離した言葉が独り歩きしていて、それが勝手な文脈を持ったゲームになっている。言葉の本来持っている意味と、歴史的なつながりをひとつひとつ大切にしていく。それがあるべき状態なのだと思います。

藤井 新たな物語をつくることによって、暴発を規制する。そしてゲーム化する言論に対して、民主的な価値と両立するゲームのルールを構築していく。これらの必要性に気が付いた人がそれぞれの立場から思案し、発言していかないといけないのでしょうね。

おわりに

平成をそれぞれの人びとの個人史として顧みるなら、この三〇年間はそんなに悪い時代ではなかったのではないだろうか。そこには、当然、苦しみや悲しみもあっただろうが、たとえ束の間であったとしても、喜びや楽しみを感じさせる様々な出来事があったはずだからだ。おそらく、どんな時代であろうが、人びとは、そうしたささやかな幸福を頼りに日々を生き抜いてきたに違いない。

しかし、平成を一つの時代として、今後も続いていく日本社会の歴史の一コマとして振り返るなら、なんとも暗澹たる気分にさせられる。そういえば、かつて平成という時代を表す言葉として、「失われた二〇年」があった。いや、それどころか、今では、すでに「失われた三〇年」に突入しているのだという人もいるようだ。下へ下へと落下していく社会、それを見て見ぬふりをする人びとからなる社会。本書で描いたように、平成の時代の社会がそんな風だったとすれば、政府がどれだけ景気のいいことをいおうが、マスコミが美談を垂れ流そうが、この暗く陰気な気分を紛らわすことなど到底できまい。

本書では、平成の歴史を陰鬱なものにさせるものとして六つの背景を選んで論じた。すなわち、ポスト工業化への対応の遅れに伴う社会システムの機能不全、ネオリベ化による生活の安全の破壊、格差による社会の分断、対米依存一辺倒の安全保障政策、一連の政治改革の帰結としての政府の暴走、反民主的な価値を公然と掲げる保守・右派団体の勢力の拡大に焦点を当てたわけだ。その上で、これらの背景が平成の民主主義にどのような影響を及ぼすことになったのか検討した。民主主義こそ、平成の時代から先送りされた社会問題を次の時代に解決する際の枠組みだからだ。これゆえ、その現状をどうしても見ておく必要があったのだ。

ネオリベラリズムのイデオロギーである自己責任論が、社会問題を個人の問題とする矮小化をとおして、その集合的解決を目指す民主主義の障壁となったこと。また、格差によって分断化され敵対し合う社会は、異なる人びと間で理由の交換をとおして合意に至る民主主義ならではの試みをきわめて難しくさせたこと。

さらに、緊張をはらむ国際情勢において、政府を中心に日本の安全保障に対する脅威をことさら煽り立てて、民主的な社会の基盤である自由の制約もやむなしとする空気を作り出したこと。それればかりか、決められる政治を追求するあまり、政府に対して過度に権力を集中させ、その結果、民主的な統制を弱め、実際に執行権力が国民主権を侵害しつつあることなどを苦境にある民主主義の現状として指摘した。

こう見ると、平成史のどこに今後の希望を見出せばよいというのだろうか。確かに、本書では、希望の所在についてほとんど触れることはできなかった。そのためには、別の機会が必要だろう。ただ、それでも本書が何かしら役に立つとするなら、おそらく、ポスト平成にむけて、どこに希望はないか、何に希望を託してはならないかを前もって検討する際だろう。社会のネオリベ化をいっそう進めることに、自己責任論を振りかざすことに、治安・国防における過度の不安を煽り立てることに、あるいは、内閣の権限強化の飽くなき追求に、ポスト平成の希望があるのだろうか。当然ながら、それらに希望はない。むしろ、散在する私たちの社会の諸問題を私たちの手で解決するための資源を減少させ、そのための制度を傷めることになるだけだろう。

だとすれば、どうしたらよいのか。これは、読者にとっても筆者にとっても各自が日々の生活の中で探求すべき問いなのだ、ということにしておこう。

さて、本書の編集は藁谷浩一さんに担当していただいた。このささやかな論考は、筆者の気ままなブログを発展させたものだが、藁谷さんに書籍化の提案していただかなければ、このような形で日の目を見ることはなかったであろう。この場を借りて、お礼を申し上げたい。また、本書の対談でご登場いただいた、近現代史研究者の辻田真佐憲さんにもお礼を申し上げねばなるまい。戦中・戦前の日本史をベースにした、平成の政治と文化に関して貴重で興味深いお話を伺うことができ、本書の議論に厚みを加えることができた。また、本書の最初の読者であり批判者であった藤井友之さん、また、私的な勉強会において、専門的な見地から的確なコメントをいただいた安藤丈将さん、小須田翔さん、森達也さんには、感謝の言葉がない。最後になるが、妻の優子には、今回も公私にわたりサポートしてもらった。ありがとうございました。

イースト新書
105

〈平成《へいせい》〉の正体《しょうたい》
なぜこの社会《しゃかい》は機能《きのう》不全《ふぜん》に陥《おちい》ったのか

2018年8月15日　初版第1刷発行

著者
藤井達夫《ふじいたつお》

編集
藁谷浩一

発行人
永田和泉

発行所
株式会社
イースト・プレス
〒101-0051
東京都千代田区神田神保町2-4-7久月神田ビル
Tel:03-5213-4700　Fax:03-5213-4701
http://www.eastpress.co.jp

装丁
木庭貴信+角倉織音
（オクターヴ）

本文DTP
臼田彩穂

印刷所
中央精版印刷株式会社

ISBN978-4-7816-5105-7